JN238747

「自信がない」ビジネスマンにすぐに効く英語のコツ

大前研一の
今日から使える英語

小学館

CONTENTS

はじめに
ビジネスマンよ、
「結果を出せる英語」を身に付けよう（大前研一）............ 008

Chapter 1 ビジネスですぐに効く!
40ワード&使えるフレーズ（講師：関谷英里子）... 019

[ミーティング] で使える4ワード

| OBJECTIVE | 022 | FACILITATE | 024 |
| CLARIFY | 026 | RESERVATION | 028 |

[プレゼンテーション] で使える4ワード

| SHARE | 030 | OVERVIEW | 032 |
| REFER | 034 | SUMMARIZE | 036 |

[社外へのプレゼンテーション] で使える4ワード

| ANNOUNCE | 038 | LAUNCH | 040 |
| RELEASE | 042 | COMMIT | 044 |

[自社のアピール] で使える4ワード

| AIM | 046 | GENERATE | 048 |
| PRODUCE | 050 | ADVANTAGE | 052 |

モチベーションを上げる時 に使える4ワード

ACHIEVE	054	TEAM	056
DELEGATE	058	PROGRESS	060

フィードバックする時 に使える4ワード

FEEDBACK	062	PERFORMANCE	064
RESULT	066	FOCUS	068

プロジェクトの推進 で使える4ワード

DEVELOP	070	EXECUTE	072
PROMOTE	074	EXPAND	076

困難を乗り越える時 に使える4ワード

CHALLENGE	078	ISSUE	080
IMPROVE	082	OPPORTUNITY	084

交渉・話し合い で使える4ワード

PERSPECTIVE	086	CONSIDER	088
MONITOR	090	REVISIT	092

報告する時 に使える4ワード

UPDATE	094	MANAGE	096
SOLVE	098	REPORT	100

CONTENTS

Chapter 2 失敗シーンから学ぶ「英語でビジネス」のコツ (講師:船川淳志) …… 103

1. 学校で教えてくれなかった「たった一言」の実践的確認テクニック … 108
2. ビジネスでは推論を述べる時にPerhapsを使ってはいけない! ………… 112
3. 「聞き上手」になれば失敗しない 〝わからない悪循環〟に陥らないためのフレーズ ……………………………… 116
4. 外国人には通じない日本人の謙遜 「I can't speak English well」は禁句です ……………………………… 120
5. ブレーンストーミングでチャンスを逃さない 「話しながら話すことを考える」テクニック ……………………………… 124
6. 一語一訳の習慣を捨て去ろう! 相手をイライラさせない「確認の方法」… 128
7. 説明責任を果たせ! 当事者意識をアピールできるフレーズ ……………… 131
8. Which country are you from?は失礼 多文化環境でのエチケット ………………………………………………… 136
9. 第一印象がとても大切 失敗しない「最初の挨拶」……………………… 140
10. 感情の衝突になる前に知っておきたい 「見解に相違がある時」に使う言葉 ……………………………………… 144
11. Problemを安易に使うのは「問題」! 相手を落ち込ませない「注意」「助言」方法 ………………………………… 148
12. 会議での沈滞ムードをどう変えるか ファシリテーターは「前向きな流れ」を作る ……………………………… 152
13. 電話会議を仕切れるか? 困ったらアドバイスを求める ……………………… 156
14. 対立を恐れない!「反論」は論拠を持って明確に ……………………………… 161
15. 文化の解説役も務めよう! 日本的な遠慮と察しのコミュニケーションは機能しない ………………… 165

Column 「グローバルイングリッシュ」への近道は発想の転換にあり …… 170

Chapter 3 あなたはこれを丁寧に言えますか？ &書けますか？ 177

ビジネス会話編 ①文法を使って丁寧に言う！（講師：狩野みき）

「手伝ってくれませんか？」
過去形は言いづらいことを伝える道具 180

「しようとしたが、できていません」
現在完了進行形のI've been wanting／meaningは使える 183

「一緒にランチしませんか？」
提案を示すcouldで人間関係も和やかになる 187

「ご連絡いただければ幸いです」
仮定法を使えば「控えめな希望」を伝えられる 190

「もう少しゆっくり話してくれませんか？」
I wish ＋ wouldは「お願い」の少しソフトバージョン 194

「困ったことがありましたら」
If 〜 shouldは、相手を立てる便利なフレーズ 197

ビジネス会話編 ②丁寧に言うコツを学ぼう！（講師：大前研一）

「なぜこうなったのか教えてくれませんか？」
相手を非難せずに「失敗してしまった理由」を聞く 199

「あなたの意見が受け入れられません」
同意できない時、抗議する時にも丁寧な言い方がある 202

「今はその話はしないでおきましょう」
トラブルになりそうな時、話題を変えたい時のフレーズ 204

「私が悪かったです！」
弁解の余地がない時にネイティブが使う表現 206

応用編「本当のことを話してほしい」
言いづらいことを切り出し、相手に事情を話させる方法 208

CONTENTS

ビジネスメール編 ③丁寧に伝わるメールの書き方（講師：松崎久純）

メールの〝顔〟は「Subject（件名）」だ
何の用かがわかる「単語1つ」を入れるのがスマート ……… 210

失礼にならない「宛名の書き方」
名前の後はカンマか、コロンか？ ……… 212

部署名には必ず「The」を付けること
相手の名前がわからない時の「宛名のマナー」 ……… 214

結びの言葉は「Sincerely」だけじゃない
宛名に相手の名前を書いたかどうかで違う ……… 216

グローバルビジネスパーソンにふさわしい「署名」
自分の名前とアドレスだけなのは〝不親切〟 ……… 218

その「年・月・日」「時間」の書き方、正しいですか？
「11:00 a.m.」は〝書き方を知らない〟と思われるかも ……… 220

「〜についてですが」「〜をお伝えします」
本文の書き出しは〝お決まりのパターン〟を活用 ……… 222

「ご返信お願いします」「ご連絡ください」
本文の結びも丁寧なフレーズで ……… 226

「誠に申し訳ありません」
謝る時に「ご理解に感謝」もあわせて伝える ……… 229

おわりに
英語習得に年齢は関係ない。
まずは「1年間・500時間」の壁を乗り越えよう（大前研一）… 232

編集協力／中村嘉孝、上田千春
写真／林紘輝（小学館写真室・大前研一氏撮影）
　　　伊藤大介（船川淳志氏撮影）
装幀・DTP／大須賀侑子、河野智奈津（ビーワークス）
資料協力／ビジネス・ブレークスルー
校正／黒坂ひろ
英文校正協力／Eric Matsuzawa、松澤美和（Cornwall English）

はじめに

ビジネスマンよ、「結果を出せる英語」を身に付けよう
大前研一

　グローバル社会と言われて久しい。ところが、日本の場合はグローバル企業と呼ばれる会社でも、未だに本当の意味で英語を使いこなせている人は非常に少ないのが現状だ。

　この本を手に取っていただいたということは、英語を本格的に勉強し始める前か、あるいは勉強し始めていても自信がない、ビジネスの場で使うことなどできない──と思っている方だろう。そうした人はもちろん、後述するように「多少は自信がある」という人でも、残念ながらビジネスの現場では失敗することが少なくないのである。

　今後、日本は人口減少によって国内市場が縮小していくから、日本企業が成長していくためには、さらなるグローバル化が避けられない。だから、2010年に楽天やファーストリテイリングが英語を社内公用語化する方針を打ち出して以降、社員の英語力を強化してグローバルな人材育成に力を入れる企業が増えている。

　たとえば、三井住友銀行は11年から総合職の全行員約1万3000人に対してＴＯＥＩＣ（990点満点）で800点以上を目指すよう求め、武田薬品工業も13年4月入社の新卒採用から730点以上の取得（研究開発部門や管理部門などが対象）を義務づけた。サントリー食品インターナショナルも13年、本社の全部署でＴＯＥＩＣの平均スコアを100点アップすることを目標にした英語力強化プロジェクトをスタートした。

Prologue

◆「和文英訳」では役に立たない

　今や多くの日本企業で英語力が入社や昇進の条件になっているわけだが、ＴＯＥＩＣで高得点を取ったからといって、ビジネスの現場で英語でのコミュニケーションがうまくいくとは限らない。実際、ＴＯＥＩＣで850点以上をマークしているのに、英語での交渉や商談に苦労して自信を失っている日本人ビジネスパーソンを、私はたくさん見てきた。

　なぜ、そうなるのか？　ほとんどの日本人が「和文英訳」で英語のフレーズを考えているからである。和文英訳の文章をビジネスの現場で使うと、真意が通じないどころか大失敗するケースも多い。ビジネス英語は学校で習う英語とは違うのだ。

　わかりやすい例を挙げると、仕事が予定より遅れている部下や取引先に理由を尋ねる時、日本人は「Why ～」や「Explain to me」を使いがちだ。頭の中で「なぜ遅れたんですか」とか「説明してください」を和文英訳しただけで、そこまで怒っているわけではないつもりでも、これは英語としては「なぜなんだ！」と問い詰めているような〝キツい表現〟になる。相手が傷ついたり、気分を害したり、あるいは反発してやる気をなくしたり、嘘をついたりして、事態がこじれてしまうのだ。

　その場合の英語の表現には、音楽の強弱記号にたとえればフォルテシモ（とても強く）からピアニシモ（とても弱く）まで幅広い言い方があるが、基本的には「自分」を主語にして言うのが〝英語の礼儀〟である。たとえば次のような具合である。

I was expecting to receive it yesterday. Can you tell me why that didn't happen?
(それは昨日受け取るはずでしたが、まだの理由を教えてくれますか？)

　そう言えば、相手は遅れた理由を説明しようとするだろう。あくまで責めているわけではないので、相手が傷ついたり気分を害したりすることはない。
　ビジネスでは過去のことをいつまでも引きずっていてもしょうがない。大切なのは相手をやる気にさせて前進することだ。上記のフレーズに続けて次のように言えば、相手はきちんと説明して、次こそは納期通りに仕上げてくるだろう。

I would be very happy to wait for another three days, if you have a good reason.
(しっかりした理由がありましたら、私はあと３日間、喜んでお待ちします)

　あるいは、さほど親しくない相手に英語で「それはやめてくれ」と言いたい場合、どんな表現をすればいいか？　学校で習ったように和文英訳して「Stop it」なんて言ったら、たぶん相手は「お前にそんなふうに命令される筋合いはない」と怒って喧嘩になるだろう。「Don't do it」と言っても相手は傷つく。丁寧な言い方にしようとしてpleaseを付け加えても同じことだ。
　私が考える最も好ましい表現は「I wouldn't do it」。「私があなたの立場だったら、やらないと思いますけれど……」という

婉曲的なニュアンスを含んだ言い方だ。余談になるが、女性が男性の誘いを断わる時も、ストレートに「Don't do it」と言ったら男性は傷つく。この場合は「Not today」（今日はダメ）とやんわりかわす。それが男性のプライドを慮った〝正しい断わり方〟なのだ。

　また、「このレポートを水曜日までに提出してほしい」と部下に指示する時も和文英訳で「Please turn in this report by Wednesday」という言い方をする人が多いと思う。これもグローバルビジネスの現場では上から目線の命令口調に聞こえてしまう。こんな場合は「If it's possible, I would like to see this report by Wednesday」と、やはり「I」を主語にして「できれば、私はこのリポートを水曜日までに見たいんだけれど」という遠回しの言い方をすべきである。

　そうすると相手は一方的に命令されたとは感じないから、異論を差し挟む余地が生まれる。「この人は水曜日までに見たいと言っているが、見せるかどうかは自分で判断できるな」と思うわけだ。そして「目いっぱい急いでも金曜日までかかります。金曜日ではダメですか？」などと相手は自分の都合を説明できるので、会話がつながっていく。

　ただし、相手の言うままに決めさせてはいけないケースも多いから、次に「では、最終的なものは金曜日でいいけれど、この数字だけはどうしても水曜日までに必要なんです」と言えば、相手はそれに応じると思う。

　つまり自分が一方的に命令するのではなく、決めるプロセスに相手を参加させること、すなわちパートナーとして「相談」することが英語表現のポイントなのである。

しかし、和文英訳の英語ではそういう表現は出てこない。たいがい主語を「I」ではなく「You」にした直截的な言い方になる。だから、日本人は英語での交渉や商談で相手を怒らせたり気分を害したりして失敗するケースが多いのだ。

　ことほどさように、ビジネスの現場では和文英訳の英語は全く役に立たないどころか、ほとんどマイナスに作用するわけだ。では、どのような勉強をすれば実践的な英語力が身に付くのか？　今回、私が本書を監修・出版したのは、その問いに答えるためである。

◆上司と部下ではない。人間と人間で対話をすべき

　ビジネス英語は「通じてナンボ」ではなく、「結果を出してナンボ」である。だから、結果を出せる表現を知っておかなければならない。よく英語は「Yes」「No」がはっきりしていると言われるが、それは間違いだ。英語には深みとニュアンスがあり、同じ意味の別の言い方は何十通りもある。それをTPOによって微妙に使い分けることがビジネスでは求められる。

　そういう英語は、符丁のような和文英訳の英語とは対極にある。ところが日本人はTPOに関係なく、和文英訳で「Explain to me」や「Don't do it」を使ってしまう。私の経験では、生半可に英語ができる日本人ほど海外事業で失敗するものだが、その最大の理由がこれである。和文英訳の英語では、どれだけ熟達しても深みとニュアンスが出てこないから、往々にして相手の感情を害したり反発を買ったりしてしまうのだ。しかも、和文英訳ではできない表現も多い。この壁を乗り越え

るためには、ビジネスの現場でよく使われる深みとニュアンスがある英語独特の多様な表現を学び、吸収していくしかないのである。

さらに、日本のビジネス慣習が海外では通用しないということも指摘しておかねばならない。

日本の場合、上司は部下に（セクハラやパワハラは論外だが）仕事については何を言っても許されるようなところがある。が、海外の先進国では上司と部下であっても「個人対個人」の関係が大前提なので、常に対等な人間同士としての会話を心がける必要があるのだ。また、途上国では上から目線で一方的に命令するような言い方をすると、相手にかつての植民地制度や場合によっては奴隷制度などを思い起こさせて、あらぬ反発を買う事態になりかねないので、やはり上司と部下ではなく、対等な人間同士として会話しなければならない。

グローバル化の中で活躍しようとするビジネスパーソンに、そうした「結果を出せる英語」を習得してほしい。その思いで作ったのが、私が学長を務めている「ビジネス・ブレークスルー（ＢＢＴ）大学」のオープンカレッジ『実践ビジネス英語講座』（Practical English for Global Leaders／PEGL）である。そのカリキュラムは「初級コース」「中級コース」「上級コース」の３段階に分かれている。

初級コースは、ＴＯＥＩＣの目安が450点以下。単語・発音・文法などの基礎力を徹底的に鍛えて、簡単なフレーズでもいいから英語が羞恥心なくスラスラと出てくるようにするのが

目標だ。「聞く・話す・読む・書く」というコミュニケーションの基礎を学び、自分の意図を明確に伝えるビジネス英語力の土台を身に付ける。これはいわば「英語の筋トレ」だ。スポーツでもうまくなるためには最低限の筋トレが必要なのと同じである。

　中級コースは、ＴＯＥＩＣ450〜700点のレベルである。この段階では円滑にコミュニケーションするための言い回しやニュアンス・表現に加え、価値観が異なる海外の人たちと一緒に働く際に必要なマインドを学ぶ。英語力については「アウトプット」を強化し、自分の考えが相手にしっかりと「通じ、伝わる」コミュニケーション力の習得を目指す。
　ここで重要なのは論理的（ロジカル）な表現、つまり相手が「なるほど」と思うような言い回しを覚えていくことだ。
　何かを伝える時には相手が理解しやすい順序がある。たとえば「小学校から英語を必修化すべきではないと思います。その理由はこれとこれです」というように、まず結論を述べ、続いて理由を説明する。これは英語だけでなく、日本語でも並行して訓練しなければならない。

　上級コースは、ＴＯＥＩＣ700点以上が目安だ。実践力を重視し、プレゼンテーションなど実際のビジネスシーンで求められる英語コミュニケーションスキルの習得に重点を置く。また、問題解決、マーケティング、会計、経営戦略などを英語で学ぶことでグローバルリーダーとしての論理的思考力や問題解決能力も身に付け、グローバルビジネスで「結果を出せる力」

を磨いていく。

　さらに、論理だけでは通用しない「感情」をうまくコントロールして利用しながら、人間関係を構築していく方法を学ぶ。たとえば、会社の業績が悪化して海外工場の従業員をリストラしなければならなくなった時、どのように現地の人たちとコミュニケートして目的を達成するか。これは非常に難しい。中級コースまでに学ぶ「論理的」な英語だけだと、むしろ反発を買ってしまう。

「私はかくかくしかじかの苦難に直面しています。できることならみなさんと一緒に運命共同体として最後まで頑張りたいが、あなたが私の立場だったらどうしますか。良い知恵があったら教えてください」――といった言い方をして、最もやりにくいことを相手が自ら発案するように仕向けるのだ。このレベルでは、もちろん中級コース以上に日本語と並行して問題解決能力などを伸ばす訓練をしなければならない。

　この『実践ビジネス英語講座』で真剣に勉強した人たちは、1年間で飛躍的にビジネス英語の力を向上させている。そのため、社員の英語力を向上させようという大企業などがこの講座を社員教育にこぞって採用してくれている。前述のTOEICで850点以上をマークしていながら英語での交渉や商談に苦労して自信を失っていたビジネスパーソンたちも、1年後には「結果を出せる」ようになっている。

◆3つのChapterでエッセンスが学べる

　本書は『実践ビジネス英語講座』の「初級コース」「中級

コース」から、「今すぐ使える」エッセンスを抜き出し、3つのChapter（章）に分けて収録した。

Chapter 1の「ビジネスですぐに効く！ 40ワード＆使えるフレーズ」では、中級コースの『ビジネスパーソンのための英単語講座』（講師：関谷英里子氏）から、「ミーティング」「プレゼンテーション」「プロジェクト推進」「報告する時」など全部で10のビジネスシーンを想定し、各シーンで役立つ英単語を4つずつピックアップしている。一般的な単語帳でほとんど使うことのない単語を丸暗記するより、まずビジネスに即効性があるこれらの単語を知っておくことは非常に重要だ。さらに、それらの単語を使った現場で応用できる簡単な文章も紹介している。

Chapter 2の「失敗シーンから学ぶ『英語でビジネス』のコツ」では、中級コースの『グローバルマネジャーのマインドとスキル』（講師：船川淳志氏）という講座から、日本人がやってしまいがちな「失敗シーン」をもとに、ビジネスの現場でどんな言い方をするのがふさわしいかを紹介する。多少英語ができる人でも失敗するケースは、だいたいパターンが決まっている。それは失礼な言い方になったり、外国人と仕事をする際の常識（いわばグローバルなマインド）がなかったりするために起きる。本章のポイントは「ふさわしいフレーズ」だけでなく「ビジネスパーソンとして持つべき視点」「示すべき態度」まで解説していることである。

Chapter 3の「あなたはこれを丁寧に言えますか？ &書けますか？」では、ビジネスの現場で丁寧に伝わる英語を3つの

パートに分けて学ぶ。

　最初の「文法を使って丁寧に言う！」は、初級コースの講座『Grammar for Business People』（講師：狩野みき氏）から、文法を活用しながら丁寧に伝えるビジネスパーソンのための実践的なテクニックを紹介する。

　次の「丁寧に言うコツを学ぼう！」は、中級コースの『One Point Lessons』（講師：大前研一）から、私自身がビジネスの現場でよくあるシーンを想定し、丁寧なニュアンスを込めるためのコツを伝授する。

　最後の「丁寧に伝わるメールの書き方」は、中級コースの『実践・英文Eメールの正しい書き方』（講師：松崎久純氏／現在、PEGLでは関谷氏の『ビジネスパーソンのための英文Eメール講座』に変更）から、英文メールのエチケットなどを紹介している。日本語でもそうだが、メールは自分の意図に反し、〝光のスピード〟で相手の感情を害してしまうことがよくある。ましてや自己流の英文メールでは、失礼に受け取られるフレーズを使って失敗してしまうケースが少なくないので、ここで英文メールの丁寧な書き方を学んでほしいと思う。

　本書をきっかけに、1人でも多くの日本人ビジネスパーソンが「結果を出せる」英語力を身に付けて、世界を相手に活躍してくれることを期待したい。

Chapter 1

ビジネスですぐに効く！
40ワード&使えるフレーズ

講師：関谷英里子

Chapter 1 の使い方

　この章では、様々なビジネスシーンで役立つ英単語を紹介します。とはいっても、決して難しい単語ではありません。

　日常会話とは違って、ビジネス会話では話し相手に「結果を出す人」「前向きに仕事を進められそう」「この人と一緒に仕事をすればうまくいきそう」と感じさせるような話し方が必要になります。これは、学校で習ってきた和文英訳の技術だけではなかなかできません。本章で紹介する単語とフレーズを覚えておけば、仕事のパートナーに信頼され、結果を出せるコミュニケーション力が身に付くはずです。

　本章は「ミーティング」「プレゼンテーション」から「報告する時」まで全部で10のシーンを想定し、それぞれのシーンで４つの単語を紹介します。

　１つの単語が見開き２ページで学べます。まず左ページで、単語が示す意味やニュアンスをつかんでください。右ページ上の「こう使える！」は、実際にミーティングなどをしている場面を想定したダイアローグ（対話）です。シーンを想像しながら、できれば声に出して読んでください。さらに右ページ下の「使えるフレーズを増やそう！」では、その単語を使った簡単な文章を紹介しています。短いですが、ビジネスで必ず応用できる文ばかりですので、繰り返し声に出して読んでください。本章ではシンプルなフレーズを中心に紹介していますが、Chapter 3で解説する〝丁寧に伝える〟コツをあわせて学び、より実践的な言い回しを習得していただきたいと思います。

? How to use...

単語の意味やニュアンスを解説

実際のビジネスシーンを想定したダイアローグ

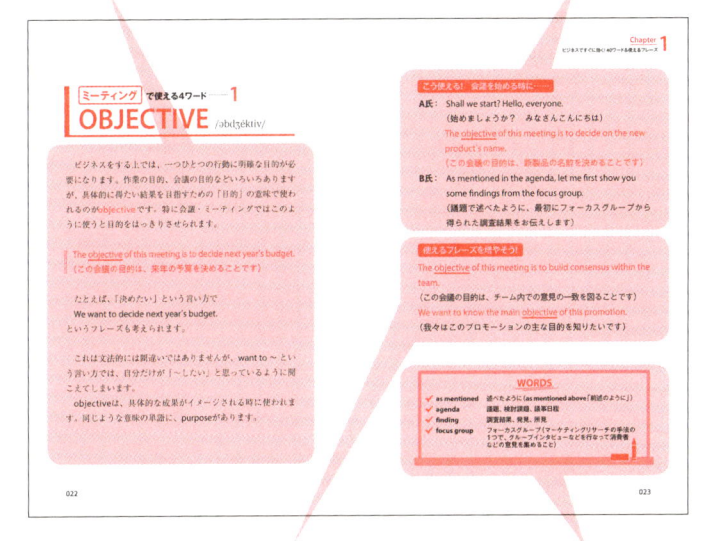

（ページ見本内テキスト）

ミーティング で使える4ワード——1
OBJECTIVE /əbdʒéktiv/

ビジネスをする上では、一つひとつの行動に明確な目的が必要になります。作業の目的、会議の目的などいろいろありますが、具体的に得たい結果を目指すための「目的」の意味で使われるのがobjectiveです。特に会議・ミーティングではこのように使うと目的をはっきりさせられます。

The objective of this meeting is to decide next year's budget.
（この会議の目的は、来年の予算を決めることです）

たとえば、「決めたい」という言い方で
We want to decide next year's budget.
というフレーズも考えられます。

これは文法的には間違いではありませんが、want to ~ という言い方では、自分だけが「～したい」と思っているように聞こえてしまいます。

objectiveは、具体的な成果がイメージされる時に使われます。同じような意味の単語に、purposeがあります。

こう使える！ 会議を始める時に——

A氏: Shall we start? Hello, everyone.
（始めましょうか？ みなさんこんにちは）
The objective of this meeting is to decide on the new product's name.
（この会議の目的は、新製品の名前を決めることです）

B氏: As mentioned in the agenda, let me first show you some findings from the focus group.
（議題で述べたように、最初にフォーカスグループから得られた調査結果をお伝えします）

使えるフレーズを増やそう！

The objective of this meeting is to build consensus within the team.
（この会議の目的は、チーム内での意見の一致を図ることです）
We want to know the main objective of this promotion.
（我々はこのプロモーションの主な目的を知りたいです）

WORDS
- ✓ as mentioned 述べたように (as mentioned above「前述のように」)
- ✓ agenda 議題、検討課題、議事日程
- ✓ finding 調査結果、発見、所見
- ✓ focus group フォーカスグループ（マーケティングリサーチの手法の1つで、グループインタビューなどを行なって消費者などの意見を集めること）

単語を利用した「使えるフレーズ」集

その他の覚えておきたい単語を紹介

講師紹介

関谷英里子 （せきや・えりこ）

日本通訳サービス代表。横浜出身。慶應義塾大学経済学部卒業後、伊藤忠商事、日本ロレアルで、英語を使った事業提携交渉などの第一線を経験。その後独立し、アル・ゴア元米副大統領やダライ・ラマ14世など一流講演家の同時通訳者となる。2011年4月よりNHKラジオ『入門ビジネス英語』講師。『その英語、こう言いかえればササるのに！』（青春新書インテリジェンス）、『あなたの英語勉強法がガラリと変わる 同時通訳者の頭の中』（祥伝社刊）、『中学英語をビジネスに生かす3つのルール』（NHK出版新書）など著書多数。

ミーティング で使える4ワード……1
OBJECTIVE /əbdʒéktiv/

　ビジネスをする上では、一つひとつの行動に明確な目的が必要になります。作業の目的、会議の目的などいろいろありますが、具体的に得たい結果を目指すための「目的」の意味で使われるのがobjectiveです。特に会議・ミーティングではこのように使うと目的をはっきりさせられます。

> The objective of this meeting is to decide next year's budget.
> (この会議の目的は、来年の予算を決めることです)

　たとえば、「決めたい」という言い方で
　We want to decide next year's budget.
というフレーズも考えられます。

　これは文法的には間違いではありませんが、want to 〜 という言い方では、自分だけが「〜したい」と思っているように聞こえてしまいます。
　objectiveは、具体的な成果がイメージされる時に使われます。同じような意味の単語に、purposeがあります。

Chapter 1
ビジネスですぐに効く！40ワード＆使えるフレーズ

こう使える！　会議を始める時に……

A氏：　Shall we start? Hello, everyone.
（始めましょうか？　みなさんこんにちは）
The objective of this meeting is to decide on the new product's name.
（この会議の目的は、新製品の名前を決めることです）

B氏：　As mentioned in the agenda, let me first show you some findings from the focus group.
（議題で述べたように、最初にフォーカスグループから得られた調査結果をお伝えします）

使えるフレーズを増やそう！

The objective of this meeting is to build consensus within the team.
（この会議の目的は、チーム内での意見の一致を図ることです）
We want to know the main objective of this promotion.
（我々はこのプロモーションの主な目的を知りたいです）

WORDS

- ✔ **as mentioned** 　述べたように（**as mentioned above**「前述のように」）
- ✔ **agenda** 　議題、検討課題、議事日程
- ✔ **finding** 　調査結果、発見、所見
- ✔ **focus group** 　フォーカスグループ（マーケティングリサーチの手法の1つで、グループインタビューなどを行なって消費者などの意見を集めること）

ミーティング で使える4ワード 2
FACILITATE /fəsílətèit/

　会議やミーティングの議事進行の場面でよく使われる単語がfacilitateです。facilitateにはもともと「容易にする」「楽にする」「促進する」などの意味があります。

　欧米の会議では進行についてルールがあり、会議を開催する人をowner、会議を進行させる人をfacilitatorと言います。会議の目的、得たい結果、それぞれの出席者の役割を明確にしてから会議を開始するのが一般的です。

> He did well in facilitating the meeting.
> (彼はうまく会議を進行しました)

　進行役の手腕を褒める時は、上記のように表現するとよいでしょう。ぜひ、この例文を覚えておいてください。

　同じように「うまく会議を進行した」と言いたい場面で、
He did the meeting well.
というフレーズが思い浮かぶ人もいるかもしれません。

　しかし上のような言い方では、1人で会議をしているように聞こえて、奇妙な感じがしてしまいます。

Chapter 1

ビジネスですぐに効く！40ワード&使えるフレーズ

こう使える！　会議を始める前の打ち合わせで……

A氏： Since this is your first time as a facilitator, I just wanted to go over your role. What would you say your role is in this meeting?

（あなたが進行役を務めるのは初めてなので、役割を確認したいと思います。この会議での自分の役割は何だと思いますか？）

B氏： My role is to facilitate the discussion between the two groups. I have a list of questions with me.

（私の役割は、2グループ間のディスカッションがうまくいくように議事を進行させることです。質問リストも用意しています）

A氏： That's great.

（それはいいですね）

使えるフレーズを増やそう！

She is a great facilitator.
（彼女は議事を進めるのが上手です）

She was very good at facilitating discussions between the two groups.
（彼女はその2グループ間の話し合いをとてもうまく進めました）

WORDS

- ✓ **go over** 　見返す、確認する、チェックする、復習する
- ✓ **role** 　役割、役目、役、任務

ミーティング で使える4ワード……3
CLARIFY /klǽrəfài/

　ビジネスでは、お互いに不明瞭な点を残さないことが大切です。曖昧なことをはっきりさせるというニュアンスで使われるのが、clarifyという表現です。会議などで自分が話をまとめる際にも使えますし、他の人が話している内容について「もう少し明確にしてください」と言う場合にも使える便利な単語です。

　自分の話を明確にまとめたい時には、下記のように使います。

Let me clarify my point. First, 〜
（お伝えしたいことを明確にしますと、まずは〜）

他の人が話していることを明確にしてほしい時は、
Could you clarify what you're proposing?
（ご提案内容を明確にしていただけますか？）
といったように使います。

　日本人の多くは、英語で「明確に話してくれませんか？」と言われると、「自分の言い方がまずかったのではないか」と心配してしまいがちです。しかし、欧米などのビジネスの場では「さらに詳細を教えていただけませんか？」と確認したい時によく使われている表現ですので、上記のように質問されても、ひるまずにあらためて要点を話しましょう。

Chapter 1
ビジネスですぐに効く! 40ワード&使えるフレーズ

こう使える! 取引先との打ち合わせの途中で……

A氏: We have a wide range of services, and there are many options you can choose from.
（広い範囲のサービスをご用意しています。お選びいただける選択肢もたくさんあります）

B氏: Could you clarify what you're proposing? Which do you think is the best for us?
（ご提案内容を明確にしていただけますか？ 私たちにとって最もよいのは、どのサービスでしょうか？）

使えるフレーズを増やそう!

Could you clarify your point?
（要点を明確にしていただけますか？）

We hope to clarify some points before we sign the contract.
（契約する前に、何点か明確にできればと思います）

I am here to clarify any points that are still unclear.
（まだご不明な点がありましたらご説明いたします）

WORDS

- ✔ **propose** 提案する、計画する
- ✔ **range** 範囲、領域、幅
- ✔ **option** 選択肢、オプション
- ✔ **contract** 契約

ミーティング で使える4ワード……… 4
RESERVATION /rèzərvéiʃən/

　レストランやホテルでの「予約」と覚えている人も多いと思いますが、「懸念」という意味も持っているのがreservationという単語です。心の中で何か引っかかる気持ち、心配な気持ちを言い表わすことができます。ビジネスの場でよく使われる単語ですので、マスターしておきましょう。
　たとえば、会議では以下のように使うことができます。

> I have reservations about this plan.
> （私はこの計画に懸念を抱いています）

　同様に「計画がうまくいかないのではないか？」というニュアンスを伝えようとして、
　I don't think this will work.
と言ってしまうケースがあります。が、これは懸念というより「うまくいかない」という決め付けに聞こえてしまいます。また、
　I don't like this plan.
という言い方では、自分の好き嫌いで仕事をしているような印象を周囲に与えてしまいますので注意しましょう。

　会議などで懸念を表現したい時は、reservationを使うとビジネスの現場でふさわしい言い方になります。

こう使える! プレゼンを受けた後の会議で……

A氏: We're glad to hear you had time to take a look at our proposal.
（私たちの提案をご覧いただく時間を設けてくださり、うれしく思います）

B氏: Yes, thank you for your presentation the other day. However, there's a reason why we asked you to come. We still have some reservations about the project.
（ええ、先日はプレゼンテーションどうもありがとうございました。ただ、今回お越しいただいたのには理由があります。実はそのプロジェクトに関して、まだいくつか懸念があるのです）

使えるフレーズを増やそう!

He seems to have reservations about this decision.
（彼はこの決定に関して懸念があるようです）

We have some serious reservations about the project.
（我々はそのプロジェクトに関して重大な懸念をいくつか抱いています）

WORDS

- ✓ **take a look** 見る
- ✓ **reason** 理由、根拠
- ✓ **seem to 〜** 〜のように見える
- ✓ **serious** 重大な、深刻な、まじめな
  （**serious reservation**「深刻な懸念」
  形容詞を付けると、どの程度の懸念かを表わせる）

プレゼンテーション で使える4ワード ……… 1
SHARE /ʃéər/

　プレゼンテーションの冒頭で自分が今から何を話すのか意思表示をすることは、とても大切です。海外でプレゼンテーションに臨むエグゼクティブたちが効果的に使っている単語がshareです。shareは「分かつ」「分ける」のほか、「共有する」という意味を持ちます。自分の意見を相手と共有したいという気持ちを伝えることができる単語です。

　プレゼンテーションなどで話を切り出す際に、以下のような使い方ができます。

> Let me share with you some key factors.
> (カギとなるファクターについて、お話しさせていただきます)

　何かを相手に伝えようとする時に、学校で習った通りにI will tell you 〜またはI will say 〜と言ってしまう人も多いのではないでしょうか。しかし「言う」という意味のtellやsayでは、一方的な印象を与えてしまうことがあります。たとえば、

　I will tell you some key factors.

という言い方では、自分が一方的に言う押しつけがましいニュアンスになってしまいます。プレゼンテーションなど多くの人と考えなどを共有したい場面では、shareを使いましょう。プレゼンテーション後に質問や意見を募りたい時にも活用できます。

Chapter 1
ビジネスですぐに効く! 40ワード&使えるフレーズ

こう使える! プレゼンテーションの最後に……

A氏: We would like to take questions from the audience. Or if you have comments, please let us know. You are welcome to share any ideas that you may have.
（みなさんから質問を受けたいと思います。また、何かご意見がありましたら、お聞かせください。何かお考えをお持ちでしたら、どうぞおっしゃってください）

B氏: If I may, I would like to suggest one thing.
（よろしければ、私からひとつ提案させていただきます）

使えるフレーズを増やそう!

Let me share with you my opinion on this issue.
（この件について、私の意見をお伝えします）

I would be happy to share my observations on this business plan.
（このビジネスプランについて、私の見解を喜んでお伝えしたいと思います）

WORDS

- ✔ **factor** 要素、要因、ファクター
- ✔ **if I may** よろしければ
- ✔ **suggest** 提案する
- ✔ **opinion** 意見、見解、考え
- ✔ **issue** 問題、論点、発行物
- ✔ **observation** 意見・見解、観察、注目

プレゼンテーション で使える4ワード……2
OVERVIEW /óuvərvjùː/

　プレゼンテーションを始める前には、これから自分が話す内容の全体像を要約して伝えることが重要です。プレゼンに限らず、ビジネスの場で端的に全体像や要点を話したい時に使える単語がoverviewです。概況、概要、要約などの意味を持ち、プレゼンの冒頭で全体像を説明する際によく使われます。

　以下のようなフレーズでプレゼンを始めると、スマートな印象を与えます。

> First, let me give an overview of the project.
> (まず、プロジェクトの概況からお話しさせてください)

「全体」というとallやwholeという単語を思い浮かべる人もいますが、プレゼンテーションを始める前に全体像を伝えようと思って、

　　This is all about the project.

というフレーズを使うのは間違いです。このように言うと「これがプロジェクトに関するすべてです」という意味不明のフレーズになってしまい、本来のニュアンスが伝わりません。

　プレゼンでもミーティングでも、最初に目的（objective）を明確にした上で、続いて全体像を話してから本題に入れば、参加者全員がポイントを理解しやすくなるでしょう。

Chapter 1
ビジネスですぐに効く! 40ワード&使えるフレーズ

こう使える! プレゼンテーションを始める時に……

A氏: Would you like to start your presentation?
（プレゼンテーションを始めていただけますか？）

B氏: Let me first share with you an overview of this project.
（まずは、このプロジェクトの概要からお話しさせてください）

使えるフレーズを増やそう!

Here's an overview of some changes.
（いくつかの変更点の概要です）
Let me go over an overview of this presentation.
（このプレゼンテーションの概要をお話しさせてください）

👆 プラスワンポイント

　たとえばa brief overviewと言えば「簡単な概要」、a general overviewと言えば「全般的な概要」といったように、前に形容詞をつけることでいろいろな表現ができます。

WORDS
✓ **let me 〜**　〜させてください

033

プレゼンテーション で使える4ワード ……… 3
REFER /rifə́ːr/

　プレゼンテーションに与えられる時間は概して短く、内容も凝縮してコンパクトに話すことが求められます。口頭での説明を補足するため、資料や参考文献を用意することもよくあるでしょう。プレゼンの途中で「こちらの資料もご参照ください」と伝える際に使いたい単語がreferです。refer to 〜 で「〜を参照する」という意味になります。

> Please also refer to page 30 in the catalogue.
> (カタログの30ページもご参照ください)

「こちらも見てください」と言いたい時に、
　Please look at this.
というフレーズが使われるケースもあります。文法的には間違っていませんが、この言い方だと聞き手はパンフレットをちらっと見るだけで終わってしまいます。きちんと内容も参照してほしい場合は、referを使うと効果的です。

　この単語を口にする時は、アクセントの位置に気を付けましょう。後ろのeにアクセントを置いて発音します。

Chapter 1
ビジネスですぐに効く! 40ワード&使えるフレーズ

こう使える! プレゼンの質疑応答で……

A氏： Your research analysis was very helpful. I just want to know where I can find the figures.
（あなたの研究分析はとても役に立ちました。数字についてどこで見つけられるのか知りたいのですが）

B氏： Thank you for your question. You mean the figures I just mentioned? In that case, please refer to the chart in the appendix.
（ご質問ありがとうございます。それは私が述べた数字のことですよね？ それでしたら、付表の図をご参照ください）

使えるフレーズを増やそう!

Please refer to the handout for details.
（詳細に関しては、配付資料をご参照ください）
Refer to the following page for further information.
（さらに情報をご覧になりたい方は、次のページをご参照ください）

WORDS

- ✓ **figure** 数字、図、図形、形、姿
- ✓ **in that case** もしそうなら、その場合は
- ✓ **chart** 図、グラフ、チャート
- ✓ **appendix** 付表、付録
- ✓ **handout** 会議などで配る印刷物、資料、折りたたみ広告
- ✓ **further** もっと先の、その上の、一層の、さらに

プレゼンテーション で使える4ワード ········ 4
SUMMARIZE /sʌ́məràiz/

　プレゼンテーションの終盤に差しかかったら、それまでの話をまとめます。その際、「要は〜」「まとめると〜」という意味で活用できるのがsummarizeという単語です。プレゼンや会議などで使うと、効果的に聞いている人の注意をひくことができます。

　相手に話をまとめてほしい時、また、「要は何ですか？」と聞きたい時には、次のように発言するとよいでしょう。

> Could you summarize what you just said?
> （今あなたがおっしゃったことを要約していただけますか？）

　プレゼンテーションのまとめの段階でもう一度相手の話の内容を確認したい時に、
　Could you say that again?
というフレーズを使いがちですが、この言い方では、「同じことを繰り返して話してほしい」という意味になってしまいます。
　summarizeは、話を要約する際やメインとなるポイントを伝える際に使われる定番の動詞です。プレゼンでは、32ページで紹介したようにoverview（**概要**）を冒頭で伝え、最後に結論としてsummarizeするのが基本ですので、マスターしておきましょう。

Chapter 1
ビジネスですぐに効く! 40ワード&使えるフレーズ

こう使える! プレゼンテーションの終盤に……

A氏: He will recap the important points.
（彼が重要な点をおさらいしてくれます）

B氏: Let me summarize the presentation in two points.
（今のプレゼンテーションを2つのポイントにまとめさせていただきます）

使えるフレーズを増やそう!

The results of the survey can be summarized as follows: ～
（調査の結果は、以下のように要約できます。～）

In this section, I will summarize the report.
（このセクションでは、レポートの要約をします）

WORDS

- ✓ **recap** 要約する、概括する（**recap**＝**recapitulate**の省略形。ビジネスの場ではよく使われる）
- ✓ **result** 結果、結末、成果
- ✓ **survey** 調査、調査書
- ✓ **as follows** 以下のように、次の通り

社外へのプレゼンテーション で使える4ワード……1
ANNOUNCE /ənáuns/

　ビジネスでは、新商品や新サービス、人事異動などを発表する機会がよくあります。その際に、「知らせる」「公式に発表する」という意味で使われるのがannounceです。単にsayやtellでは、公表するというニュアンスが伝わりません。特に社外に対して、公式に何かを発表する時に使う単語としてannounceを覚えておきましょう。

> We are happy to announce the launch of two innovative services.
> （2つの革新的なサービスの開始についてお知らせできることをうれしく思います）

　頭の中で「新しいサービスが2つあります」と日本語で考え、それをそのまま和文英訳すると、
　There are two new services.
というフレーズが出てくるかもしれません。これは文法的には間違いではありませんが、新サービスが登場したという印象を聞く側に与えません。
　社外に向けて初めて発表するというインパクトを与えたい時は、announceを使うと非常に効果的です。

こう使える！　社外の人と新商品について話す時に……

A氏： We're excited to hear you have a new product coming out. Congratulations!
（新しい商品が発売になるとお聞きしました。おめでとうございます！）

B氏： Yes, thank you. It's a very exciting moment for us as well. We are pleased to announce the launch of our new product, SD500.
（ええ、ありがとうございます。私たちもとてもわくわくしているんです。我々の新商品『SD500』の発売をお知らせできることを、うれしく思います）

使えるフレーズを増やそう！

We expect to announce details later this month.
（今月中に詳細について発表したいと思います）

We regret to announce that our new product has been cancelled.
（我々の新商品がキャンセルになりました旨、お伝えするのを残念に思います）

WORDS

- ✓ **launch**　　発売、開始、打ち上げ、進水
- ✓ **innovative**　革新的な、斬新な
- ✓ **regret to ~**　~を残念に思う、残念ながら~する

社外へのプレゼンテーション で使える4ワード 2
LAUNCH /lɔ́ːntʃ/

　仕事で何かを始める時、新事業や新拠点などを立ち上げる時に、前向きな印象を与える単語がlaunchです。最近では「ローンチ」とカタカナ語として使われるようにもなってきています。「売り出す」「開始する」「立ち上げる」などの意味を持ち、この単語を使うと、何かが始まるという期待感を醸し出すことができます。特に、大規模なことを始めるというニュアンスを伝えたい時によく使われます。

　たとえば、新ビジネスを始める時、以下のような表現をします。

> Our company launched a new business in Indonesia.
> （当社はインドネシアで新しいビジネスを立ち上げました）

　日本語で「新しいビジネスを始める」と頭の中で考えながら英訳すると、startやbeginなどを思い浮かべるのではないでしょうか。

　こうした単語を使っても間違ってはいませんが、ビジネスの場でプロフェッショナルらしい言い回しをするなら、launchが適しています。

　launch a business、launch a campaign、launch a brandなどのように活用できます。

Chapter 1 ビジネスですぐに効く！40ワード&使えるフレーズ

こう使える！ 今後の計画を話す時に……

A氏： What plans do you have for the spring?
（春にどんな計画を用意していますか？）

B氏： We are going to launch a nationwide advertising campaign in April.
（4月に全国的な広告キャンペーンを展開します）

使えるフレーズを増やそう！

We will launch a new brand in September.
（我々は新しいブランドを9月に立ち上げます）
She is now preparing to launch a new career as a photographer.
（彼女は今、カメラマンとしての新しいキャリアを開始する準備をしています）

👆 プラスワンポイント

新しいキャリア（職業）を始める時にも launch a new career のように使えます。

WORDS

- ✓ **nationwide** 全国的な
- ✓ **advertising** 広告、宣伝
- ✓ **brand** 商標、ブランド
- ✓ **prepare** 準備する、用意する、作成する

社外へのプレゼンテーション で使える4ワード …… 3
RELEASE /rilíːs/

　新商品を発売するという意味でよく使われるのがreleaseです。launchと同じように、新しいものが登場するという期待感を表現できる単語です。映画の公開、新曲の発売などの際にも使用されます。一般的に商品の発売開始という意味で使われ、情報を公開する時にも使える便利な表現です。
　商品を発売する時は、以下のように表現できます。

> This model will be released as a limited edition.
> (この型は限定版として発売されます)

「発売される」という言い回しとして、
　This model will be sold as a limited edition.
というフレーズも考えられるかもしれません。
　このような言い方は間違いではありませんが、releaseを使うと、もっと広範囲に何かが始まるような印象を聞く人に与えることができます。「発売開始！」といった大々的なニュアンスを表現できる単語ですので、マスターしておきましょう。
　press release（プレスリリース）など名詞として使われる場合もあります。

Chapter 1
ビジネスですぐに効く! 40ワード&使えるフレーズ

こう使える! 発売や公開について話す時に……

A氏： ABC Company's film seems to be doing very well.
（ABC社の映画がかなり調子いいようですね）

B氏： It was released in Japan in December and became a big hit.
（日本では12月に公開されて、大きなヒットになりました）

使えるフレーズを増やそう!

We decided to release a new product in November.
（11月に新しい商品を発売することに決めました）

The company released some details about their relocation.
（会社は移転に関する詳細の一部を公開しました）

WORDS

- ✔ **model** 　　型、型式
- ✔ **limited edition** 　　限定版
- ✔ **relocation** 　　移転、配置転換

社外へのプレゼンテーション で使える4ワード……4
COMMIT /kəmít/

　取引先や顧客に対し、ビジネスに関して本気であることを伝えるのに効果的な単語がcommitです。「〜に本気で取り組む」「〜と約束する」などの意味で使われ、努力しようとする気持ちなどを伝えたい時に活用できる言葉です。

　社外へのプレゼンなどでは、下記のように使うことができます。

> We are committed to improving customer satisfaction.
> （我々は顧客満足度の向上に真剣に取り組んでいます）

　ところが、「頑張っています」と言おうとして、
　We are doing our best.
というフレーズを使う人が多いのが実情です。この言い方では、ぼんやりとした印象を与えてしまい、真剣さが伝わりません。

　ビジネスの場で「〜に真剣に取り組んでいます」という感情を正確に伝えるなら、**We are committed to 〜** が最適な表現となります。

　グローバルビジネスの現場では、日本社会で尊重されるような謙遜する表現は理解されませんし、好まれません。commitという単語を使って、「本気でやっている」「全身全霊をかけて取り組んでいる」という意識を伝えたほうが印象はぐっとよくなります。

Chapter 1
ビジネスですぐに効く！40ワード&使えるフレーズ

こう使える！ 取引先に真剣さをアピールする時に……

A氏： How do you communicate with your customers?
（あなたの会社はどうやってお客様とのコミュニケーションを図っているのですか？）

B氏： We are committed to providing the best customer experience in the industry.
（我々は、業界最高水準の顧客体験を提供することに真剣に取り組んでいます）

使えるフレーズを増やそう！

We are committed to excellence.
（我々は最高を目指して真剣に取り組んでいます）

We are committed to preserving our environment's precious natural resources.
（地球環境の貴重な天然資源を保存するため、我々は努力しています）

WORDS

- ✔ **customer satisfaction** 顧客満足
- ✔ **communicate** 理解しあう、コミュニケーションする
- ✔ **experience** 体験、経験
- ✔ **excellence** 卓越、優越、優秀
- ✔ **preserve** 保存する、保護する
- ✔ **environment** 自然環境、環境
- ✔ **precious** 貴重な、大切な
- ✔ **natural resources** 天然資源

自社のアピール で使える4ワード……1
AIM /éim/

　ビジネスでは成果を出すことを求められるのはもちろんですが、それより前の段階で「成果を出す意思」を取引先や顧客などに表明することも重要です。そのやる気を表現する時に便利な単語がaimです。目標とする具体的な数字を示し、「達成を目指します」とアピールする際に非常に役立ちます。

　販促プランを顧客に提案したい時には、このように使えます。

> We aim to acquire 1 million new users.
> （新規ユーザーを100万人獲得することを目指します）

「獲得したいと思っている」を英語に直訳し、

　We thought about acquiring 1 million new users.

とthinkを使ったフレーズが使われるケースがあります。しかし、これでは「思っただけ」というニュアンスに聞こえてしまい、頼りない印象を残してしまいます。本当に達成を目指していることを伝えたい時は、自分が出したい結果、具体的な数字とあわせて、「目指す」という意味を持つaimを使いましょう。やる気があることをビジネスパーソンらしく伝える言い回しです。なお、aim to 動詞の原形、aim at 〜ing、aim for 名詞といった使い方ができます。ニュアンスにあまり違いはないので、後に続くフレーズによって使い分けてください。

Chapter 1
ビジネスですぐに効く！40ワード&使えるフレーズ

こう使える！　新システム導入を提案する時に……

A氏： It seems to me that our factory could be more productive . . .（うちの工場はもっと生産性を上げられると思えるのですが…）

B氏： Let me show you what we have been trying out for the last few weeks. You can see that by implementing this new system, we can aim at reducing operational costs by 20%.

（この数週間にわたって試してきたことを説明させてください。この新しいシステムの導入によって、我々は運用コストの20%削減を目指すことができます）

使えるフレーズを増やそう！

The company is aiming for 20% profitability this year.
（その会社は今年、利益率20％を目指しています）
We aim to double our revenue by implementing this new strategy.
（我々はこの新しい戦略を導入することで収益を2倍にしようとしています）

WORDS

- ✔ acquire　　　獲得する、取得する
- ✔ productive　　生産的な、生産力のある
- ✔ implement　　実行する、履行する、施行する
- ✔ reduce　　　減らす、削減する、縮小する、切り詰める
- ✔ profitability　利益性、収益性
- ✔ revenue　　　収益、収入

自社のアピール で使える4ワード……2
GENERATE /dʒénərèit/

　利益をあげることはビジネスの重要な目的です。generateは、「生み出す」「起こす」「発生させる」などの意味を持ち、「利益」を意味するprofitという単語と組み合わせて、以下のように使うとスマートに聞こえます。

> We will generate profit.
> （我々は利益を生み出します）

　商売で利益を出すことを「お金を生み出すこと」と考えて、make moneyという表現を使う人もいるかもしれません。しかし、これは口頭でのカジュアルな言い方です。generateは公的な場やビジネスにふさわしい〝ワンランク上〟の表現として使えます。この単語はよくgenerate sales、generate profit、generate leadsなどのように使われますので、覚えておくとよいでしょう。
　generateは、内側から何かが湧き出るような印象を聞く人に与える言い回しです。業績がよく利益が創り出されているという力強いイメージを感じさせることができます。顧客にアピールする時に非常に役立つ単語です。
　ちなみに、電力が生み出されることもgenerateという単語を使って表現されます。

Chapter 1
ビジネスですぐに効く! 40ワード&使えるフレーズ

こう使える! プロモーションを考える時に……

A氏: We need more sales to achieve our annual sales target.
(年間の売り上げ目標を達成するために、もっと売り上げを伸ばさないといけません)

B氏: I know. That's why we're conducting the new promotion next week.
(そうですね。ですから新しいプロモーションを来週やるんです)

I'm sure this approach will <u>generate</u> a lot of leads.
(このアプローチでたくさんの見込み客を得られると思っています)

使えるフレーズを増やそう!

The company <u>generated</u> 10% more profit compared to last year.
(その会社は昨年に比べて10%多く利益を出しました)

The chart shows a robust growth in profits <u>generated</u> from the company's activities.
(このチャートは会社の業務から生み出された利益の力強い成長を示しています)

WORDS

- ✔ **lead** 　　　　　　　見込み客
- ✔ **conduct** 　　　　　実施する、導く、案内する
- ✔ **compare** 　　　　　比べる、比較する
- ✔ **robust growth** 　　力強い成長
- ✔ **company's activity** 会社の業務

自社のアピール で使える4ワード……3
PRODUCE /prədjúːs/

　ビジネスでは、自社で取り扱う商品について説明する機会も多いでしょう。商品は英語でproductと言いますが、その動詞であり「生産する」という意味で使われる単語がproduceです。自分たちで生産している商品を紹介する時は、以下のような言い方ができます。

> We produce mobile phones.
> (我々は携帯電話を生産しています)

「作っている」と説明しようとして、makeという単語を思い浮かべる人は多いでしょう。たとえば、
　　We make mobile phones.
というフレーズが考えられます。

　この言い方はもちろん間違いではありませんが、makeという基本的な動詞ばかり使っていると、どうしても表現がワンパターンになってしまいます。また、生産規模が大きいのにmakeという言い方では、頼りない印象を与えてしまいます。
　ビジネスの現場で「生産している」と話す時は、produceという単語を使うように意識しましょう。

Chapter 1
ビジネスですぐに効く! 40ワード&使えるフレーズ

こう使える! 視察に来た人に説明する時に……

A氏: What is the capacity of this facility?
(この工場はどのくらいの生産能力があるのですか?)

B氏: We produce 10,000 units annually.
(我々は年間1万個を製造しています)

使えるフレーズを増やそう!

We will be able to produce more parts by installing the new machine.
(新しい機械を設置することで、部品の生産量を上げることができます)

This plant produces SUVs.
(この工場ではSUVを製造しています)

WORDS

- ✓ **capacity** 生産能力、収容能力、定員
- ✓ **facility** 工場、設備、施設
- ✓ **part** 部品、部分
- ✓ **plant** 工場、設備、施設、植物
- ✓ **SUV** スポーツ向け多目的車(**sport utility vehicle**)

自社のアピール で使える4ワード……4
ADVANTAGE /ædvǽntidʒ/

　自社の商品やサービスの強みをアピールすることはビジネスの現場では重要です。そのためにマスターしておきたい単語がadvantageです。日本語でも優位に立っていることを「アドバンテージがある」と言いますが、この単語を使えば自社商品やサービスの優れた点を効果的にアピールできます。
　提案したいプランがある時には、以下のような使い方ができます。

> These are the advantages of proceeding with this plan.
> (この計画で進行した際の利点はこちらです)

「強み」を表現しようとする時に、
　strong point
　good point
という言い回しを聞くケースがよくあります。これも間違いではありませんが、語彙を増やす意味でも、advantageの使い方をマスターしてください。

　また、日本では「利点」という意味で「メリット」とよく言いますが、英語のmeritには「表彰」など違うニュアンスが入ってしまうため、注意が必要です。

Chapter 1
ビジネスですぐに効く! 40ワード&使えるフレーズ

こう使える! 自社の製品を売り込む時に……

A氏： We would like to show you our new system. This will enable you to visualize your cost-saving efforts.
（我々の新システムを紹介させてください。これを使うと御社のコスト削減の取り組みを視覚化することができます）

B氏： What would differentiate you from the other vendors?
（他社とどこが違うのですか？）

A氏： These are the advantages of our new system.
（当社の新システムの利点はこちらです）

使えるフレーズを増やそう!

The advantage of this method is that it is cost-saving.
（この方法の利点はコスト削減になることです）

His plan has the advantage of being less expensive than the other proposals.
（他の提案よりも価格が安く済むことが、彼のプランの優位性です）

WORDS

- ✔ **proceed**　進行する、続ける
- ✔ **visualize**　視覚化する、目に見えるようにする、想像する
- ✔ **cost-saving**　コスト削減（の）
- ✔ **effort**　取り組み、努力、奮闘
- ✔ **vendor**　販売会社、売り手、システム開発会社
- ✔ **method**　方法、方式

モチベーションを上げる時 に使える4ワード ……… 1
ACHIEVE /ətʃíːv/

　ビジネスでは、一緒に働くスタッフやチームのモチベーションを上げることも重要です。目標を掲げて達成するという意欲・意識を伝え、士気を高めていくのに役立つ単語がachieveです。達成する、成し遂げるなどの意味を持ちます。以下のように具体的な数字を挙げて過去形で使うと、成果をアピールすることもできます。

> We achieved a 20% increase in sales year-on-year.
> (我々は、前年比で20%増の売り上げを達成しました)

「20％アップした」と考えてupを使い、
　We were up by 20%.
と言ってしまう人もいます。しかし、これではネイティブには意味が通じません。

　また、「増加する」という意味で動詞のincreaseを使いたくなるかもしれませんが、こうしたシーンで達成感を伝える動詞にはachieveが適しています。

　achieveは、ビジネスで設定した明確な目標、ゴールに向かっているイメージがあります。相手に「何を達成したいですか？」と質問する際にも活用できます。

こう使える！ 達成目標を聞く時に……

A氏： What do we want to achieve by the end of this fiscal year?
（今年度末までにどのような成果を出したいと思っていますか？）

B氏： We are looking into expanding the number of stores to 20.
（店舗数を20店まで拡大したいと考えています）

A氏： Let's create a strategic plan to make this happen.
（実現するための戦略的なプランを立てましょう）

使えるフレーズを増やそう！

We've achieved a gradual increase in sales.
（だんだんと売り上げを増やすことができました）

We are here to help talented workers achieve their full potential.
（我々は、優秀な社員がその力を十分に発揮できるようにサポートします）

What do you hope to achieve by the age of 60?
（60歳までに何を達成しておきたいですか？）

WORDS

- ✔ **year-on-year** 前年比（で）、年度ごとの
- ✔ **fiscal year** 会計年度
- ✔ **expand** 拡大する、拡張する
- ✔ **strategic** 戦略的な
- ✔ **potential** 可能性、潜在力、潜在性、能力

モチベーションを上げる時 に使える4ワード ……… 2
TEAM /tíːm/

　日本語でも「チーム」という言葉は使いますが、特に英語を使ったビジネスの現場ではteamという単語で、団結して問題解決にあたっているイメージを出すことができます。自分のチームを褒める時にも使える単語です。たとえば、以下のような言い回しができます。

> The team worked very hard together and delivered great results.
> (チームが一丸となって素晴らしい結果を残しました)

「みんな頑張った」をそのまま英語に置き換えて、
　Everyone tried very hard.
と言っても文法上、間違いではありませんが、teamではなくeveryoneを使うと、一致団結したニュアンスとして伝わらず、バラバラに頑張っているというイメージになりかねませんので注意しましょう。
　多くの人が同じ方向を向いて仕事をしていることが表現できる単語として、teamはビジネスの現場で多用されます。
　ちなみに、チームを作ることはbuild a team、チームに入ることはjoin a teamという言い方をします。

Chapter 1
ビジネスですぐに効く！40ワード&使えるフレーズ

こう使える！ 仕事仲間を称える時に……

A氏： Your team did great!
（君のチーム、よくやったね！）

B氏： Thanks for the compliment. It was a tough road, though.
（お褒めの言葉をありがとうございます。険しい道のりでしたが、なんとか）

A氏： As head of the department, you must be satisfied with sales results.
（部署のトップとして、売り上げ結果に満足でしょう）

B氏： Oh, I wouldn't have been able to do this on my own. The team worked very hard together.
（いえ、私1人ではできませんでしたよ。チームが一丸となって頑張ったのです）

使えるフレーズを増やそう！

We have to come together as a team.
（我々はチームとして一丸とならなければいけません）

Mr. Yamada will join the team next week.
（山田さんが来週からチームに加わります）

WORDS

- ✓ **deliver** やり遂げる、達成する、届ける、配達する
- ✓ **result** 結果、結末、成果
- ✓ **compliment** 賛辞、褒め言葉

モチベーションを上げる時 に使える4ワード 3
DELEGATE /déligət/

　前ページで見たようにチームで仕事をすることもあれば、信頼できる部下にプロジェクトを任せたり、逆に上司から仕事を任されたりする機会もあると思います。そのような誰かに仕事を「任せる」という意味でよく使われる単語がdelegateです。決して丸投げするイメージではなく、信頼関係に基づいて「委任する」というニュアンスがあります。

　たとえば以下のような言い方をすれば、任せられるほうも快く引き受けようという気持ちになります。

> I will delegate this project to you.
> (このプロジェクトをあなたに任せます)

「これをやってください」と言うつもりで、
　　Do this.
というフレーズを使うと、命令口調に聞こえてしまうので要注意です。これを丁寧に言おうとpleaseを付けて、
　　Please do this.
と言っても、やはり上から目線の失礼な言い方に聞こえてしまいます。仕事を頼む時などにはdelegateを意識して使い、「あなたを信頼して任せます」というニュアンスを伝えましょう。

Chapter 1 ビジネスですぐに効く! 40ワード&使えるフレーズ

こう使える! 部下に仕事を任せる時に……

A氏: For the next project, I have decided to delegate it entirely to your team.
（次のプロジェクトは、君のチームにそのすべてを任せることに決めました）

B氏: Thank you, sir. We won't let you down.
（どうもありがとうございます。がっかりさせないよう頑張ります）

使えるフレーズを増やそう!

You have to learn to delegate more.
（もっと任せることを覚えないといけませんよ）
She did a great job handling the delegated task.
（彼女は委任された業務をうまく処理しました）

プラスワンポイント

delegate a taskで「タスクを任せる」という意味になります。また、「delegate to 〜（人）」で「〜に任せる」という意味になります。たとえば以下のように使います。
　delegate to others（他の人に任せる）

WORDS
- ✔ entirely　　まったく、完全に、全体的に
- ✔ let 〜 down　〜をがっかりさせる

モチベーションを上げる時 に使える4ワード ……… 4
PROGRESS /prəgrés/

　プロジェクトが前進しているイメージを伝えたい時に最適なのがprogressです。make progressで「進歩する」という意味になります。ビジネスが進歩しているというニュアンスをチームやスタッフに伝え、モチベーションを上げる際に役立つ単語です。たとえば、このような使い方ができます。

> We are making great progress.
> （我々はいい進歩をみせています）

「前に進む」という表現として、
　go forward
　move forward
などの言い回しも考えられます。
　文法的には間違いではなく、こうした言い方で前に向かっていることを伝えてもいいのですが、これだけを多用していては表現が幼稚だと受け止められるケースがあります。
　ビジネスの現場でふさわしい言い方として、目的に向かって推進しているイメージも表現できるmake progressというフレーズはぜひ覚えておきましょう。小さな一歩であっても使用でき、ポジティブな印象を与えます。

こう使える! プロジェクトの進捗を確認する時に……

A氏: This is the revised plan that I wanted to show you.
（こちらが、お見せしたかった修正計画です）

B氏: Good work! We can see we are making progress toward the year-end target.
（順調ですね！ 我々は年度末の目標に向かって進歩を遂げているのがわかります）

使えるフレーズを増やそう!

The project is making steady progress.
（プロジェクトは着実な進歩をみせています）

We are making progress toward the goal for this fiscal year.
（我々は今年度の目標達成に向けて前進しています）

WORDS

- ✓ **revise** 修正する、変更する
- ✓ **year-end** 年末の、会計年度末の
- ✓ **steady** 着実な、絶え間ない、安定した

フィードバックする時 に使える4ワード 1
FEEDBACK /fíːdbæk/

　日本でもすでにカタカナ語でよく使われている言葉です。英語を使ったビジネスの現場では、プレゼンテーションなどについての反応を求める時、あるいは意見を言う時に使えます。なお、feedbackは英語では動詞としては使わず、giveなどと組み合わせて名詞として使われます。

　フィードバックが欲しい時は、このような言い方になります。

> Could you give us some feedback on the presentation?
> （プレゼンテーションについて、ご意見をお聞かせいただけませんか？）

「プレゼンテーションはいかがでしたか？」と聞きたい時に、
　What did you think of the presentation?
というフレーズが思い浮かぶかもしれません。しかし、これでは「どう思いましたか？」という漠然とした質問になるため、返ってくる反応も「よかったのではないでしょうか」と曖昧な感想程度のものになりかねません。

　feedbackを使うと、商品やサービスなどを改善するための意見というニュアンスが伝わり、スマートなビジネスらしい表現にできます。顧客の反応を大切にする意味でも、積極的に使えるようになりたい単語です。

Chapter 1 ビジネスですぐに効く! 40ワード&使えるフレーズ

こう使える! レポートを受け取った時に……

A氏: Did you have time to look at the report I sent you?
(お送りしたレポートを見る時間をとっていただけましたでしょうか?)

B氏: I'll send you my feedback as soon as I get back to the office.
(事務所に戻り次第、私のフィードバックを送ります)

使えるフレーズを増やそう!

Thank you for your feedback.
(ご意見をいただき、ありがとうございます)

I'm glad we got positive feedback from the users.
(ユーザーからポジティブなフィードバックが得られてよかったです)

WORDS

- ✓ **as soon as ~** ~次第、~するとすぐに
- ✓ **get back** 戻る
- ✓ **positive** 前向きな、楽観的な、確信して
  - **positive feedback** 「前向きなフィードバック」
  - **negative feedback** 「否定的なフィードバック」
  - **constructive feedback** 「建設的なフィードバック」

フィードバックする時 に使える4ワード ······ 2
PERFORMANCE /pərfɔ́ːrməns/

　自分のチームや会社の業績を把握しておくのは、仕事をする上でとても大切な要素となります。「実績」「業績」の意味でよく使われる単語がperformanceです。会議での報告、スタッフやチームにフィードバックする時などにも使えます。たとえば、業績が上がっている時は下記のような言い回しができます。

> The performance of your department is 10% higher than last year.
> （あなたの事業部の業績は、前年比10%伸びています）

「事業部がうまくいっている」と日本語で考え、和文英訳して使いがちなのが、
　　Your department is doing well.
というフレーズです。しかし、この表現では漠然として聞こえます。
　performanceという言葉を入れるだけで、重みのある言い方になります。具体的な数字を入れると、よりよいでしょう。
　なお、performanceは業務についてだけでなく、機械の性能、人事評価の際にその人の能力や業績などに関しても使われる単語です。人事評価、人事考課は英語でperformance appraisal、performance reviewと言います。

Chapter 1
ビジネスですぐに効く! 40ワード&使えるフレーズ

こう使える! 業績について話す時に……

A氏: Did you want to discuss something with me?
(何かお話しされたいことがあったのですか?)

B氏: I'm afraid your department is showing disappointing performance.
(残念ながら、あなたの部署は期待外れの業績です)

I wanted to discuss how you're planning on turning things around.
(どのように改善しようと計画しているのか、話したいと思っていました)

使えるフレーズを増やそう!

What can we do to improve our performance?
(業績を改善するには何ができるでしょうか?)

Could you give us an update on the quarterly performance?
(四半期毎の業績に関するアップデートをしていただけますか?)

We are seeing strong performance in the mobile application sector.
(携帯電話アプリのセクターがよい業績を上げています)

WORDS

- ✓ department　部門、部署
- ✓ appraisal　評価
- ✓ disappointing　残念な、期待外れな
- ✓ improve　改善する、向上する、回復する、増す
- ✓ quarterly　四半期の、季刊の

065

フィードバックする時 に使える4ワード ……… 3
RESULT /rizˈʌlt/

　ビジネスではプロセスとともに、結果を得ることが重要です。結果をしっかりと表現し、スタッフやチームにフィードバックすることが求められます。結果について話す時に使われるのがresultです。下記のようにresultの前に形容詞を付けると、さまざまな結果について言い表わすことができます。

> The annual results show significant improvement in sales.
> （年間実績は売り上げの著しい改善を示しています）

　いい結果はgreat results、impressive results、残念な結果はdisappointing resultsという表現ができます。
　この単語には、得たいと思っていて狙った通りに達成されたことという前向きなニュアンスが含まれています。ビジネスの場でもそのニュアンスを意識して使うとよいでしょう。

　resultは、名詞も動詞も同じスペルです。動詞としては多くの場合result in ～という形で使われ、「生じる」「起こる」「～という結果になる」などの意味となります。上司に自分の成果を報告する時に使える便利なフレーズなので、マスターしておきましょう。

Chapter 1
ビジネスですぐに効く！40ワード&使えるフレーズ

こう使える！　改善策を考える時に……

A氏：　Our market share has been shrinking for the last three years.
（ここ 3 年間、当社の市場シェアが小さくなってきています）

B氏：　We have to do everything we can to achieve results!
（どんなことをしてでも結果を出さないといけません）

A氏：　First, let's go through the figures to analyze the current situation accurately.
（まずは、現状を正確に分析するために数字を見ていきましょう）

使えるフレーズを増やそう！

Our campaign resulted in a big success.
（我々のキャンペーンは結果として大成功でした）

I made 500 calls to companies, which resulted in 25 new leads.
（私は500社に連絡し、25件の新たな見込み客を得られました）

WORDS

- ✔ **annual**　　　　年1回の、毎年の、例年の、年次の
- ✔ **significant**　　かなりの、著しい、重要な
- ✔ **improvement**　改善、改良、向上、進歩
- ✔ **shrink**　　　　縮小する、萎縮する
- ✔ **go through**　　調査する、見直す、通過する、広まる
- ✔ **figure**　　　　数字、図、図形、形、姿
- ✔ **accurately**　　正確に
- ✔ **lead**　　　　　見込み客

フィードバックする時 に使える4ワード ……… 4
FOCUS /fóukəs/

　ビジネスにおいては、何に注力するのかは大事な視点となります。自社の強みに事業を集中することを表わす際などによく使われる単語がfocusです。特にfocus on 〜という形で使われることが多い単語です。

> We will focus on research and development this year.
> (我々は今年、研究開発に力を注ぎます)

「注力する」ということを表現したい時に、「それだけをやる」と考え、英語に変換してjust doを使ってしまうケースが見受けられます。

　We will just do research and development.
　(我々は今年、研究開発だけを行ないます)

　文法的に間違いではありませんが、この言い回しでは、研究開発以外のことはほったらかしにするような印象を与えてしまいます。

　スタッフに「1つのことに集中してほしい」と伝える時にも、focusを使いましょう。フィードバックや指示を出す場面で、Do this firstと言うと、「先にこれをやりなさい」という厳しい命令口調になってしまい、士気の低下を招きかねません。

Chapter 1
ビジネスですぐに効く! 40ワード&使えるフレーズ

こう使える! 部下に優先順位を指示する時に……

A氏: I'm swamped with work. I really have no idea where to start.
（仕事に追われています。何から手をつけていいのかまったくわかりません）

B氏: Focus on this task first. The others can wait.
（まずはこの仕事に集中してください。他のはまだ待てます）

使えるフレーズを増やそう!

You need to focus on your task.
（あなたは自分のタスクに集中する必要があります）

We need to focus our efforts on getting the work delivered on time.
（我々はスケジュール通りに納品できるよう全力集中しないといけません）

WORDS

- ✔ **research and development** 研究開発（R&D）
- ✔ **swamp** 水浸しにする、押し寄せる、殺到する（**swamped with** ～「～に追われている」）
- ✔ **effort** 努力、奮闘
- ✔ **on time** 時間通りに

プロジェクトの推進 で使える4ワード……1
DEVELOP /divéləp/

　ビジネスでは、計画やシステム、商品など様々なものを作り上げる過程が伴います。作っているものの進捗について述べる時に最適な単語が、「開発する」「発展させる」などの意味を持つdevelopです。手がかかるものや難しいものを開発して作り上げていくニュアンスがあり、たとえば、develop a system（システムを開発する）、develop a program（プログラムを開発する）のように使います。

> We have to develop a new rating system.
> （新しい評価システムを開発しなければいけません）

「作る」という日本語をそのまま英語に翻訳し、
　We have to make a new rating system.
というフレーズを思いつくかもしれません。
　makeを使っても文法的には間違いではありませんが、makeばかりを使っていては、どうしてもワンパターンの表現に陥ってしまいます。
　グローバルなビジネスパーソンらしい表現として、developを使いこなせるようになりましょう。この言葉はskillという単語とも相性がよく、develop your skills（スキルを高めていく）のように、日常の会話でも使うことができます。

Chapter 1
ビジネスですぐに効く！40ワード&使えるフレーズ

こう使える！　計画を練り直す時に……

A氏： The figures show that our customers are not responding to the promotion.
（プロモーションに対する顧客の反応がよくないことが数字からわかります）

B氏： We have to develop a new plan.
（新しいプランを考案しなければいけません）
Let's have a brainstorming session this afternoon.
（午後、ブレーンストーミングを行ないましょう）

使えるフレーズを増やそう！

We have to develop a framework that works.
（実際に機能するフレームワークを構築しないといけません）
We are constantly developing new ways of simplifying our business process.
（我々は常に業務プロセスを簡素化する新しい方法を開発しています）

WORDS

- ✔ **rating**　　　評価、採点、格付け
- ✔ **respond to ～**　～に反応する、応じる、返答する
- ✔ **constantly**　絶えず、常に
- ✔ **simplify**　　単純化する、簡素化する

プロジェクトの推進 で使える4ワード……2
EXECUTE /éksikjùːt/

「実行する」「遂行する」の意味で使われるのがexecuteです。executeは、単に「行なう」のではなく、「考えをもとに実行する」「完全に実施する」という最後までやり抜く強い意識が込められている単語です。

下の例文でも示すように、「計画を実行する」はexecute a/the planと表現します。

> We will execute the plan from Monday.
> (月曜日から計画を実行します)

「計画を実行する」と表現したい時にdoを使って、
　do the plan
と言ってしまうと、意味が通じません。

また、何かを実行することをdoばかりで済ませていては、非常に幼いイメージを与えてしまいます。ビジネスの場にふさわしい言葉として、executeをマスターしましょう。

ちなみに名詞はexecution（実行、履行）となり、たとえばexecution plan（実行計画）のように使います。

Chapter 1
ビジネスですぐに効く! 40ワード&使えるフレーズ

こう使える! 新商品の販促計画を検討する時に……

A氏： What do we have scheduled for the new product, ST6?
（新商品の「ST6」については、どんな予定なのでしょうか？）

B氏： We are planning to execute a nationwide promotion.
（全国的なプロモーションを実行することを計画しています）

A氏： Great. Walk me through the plan.
（いいですね。どんな計画なのか順を追って説明してください）

使えるフレーズを増やそう!

This restructuring plan will be executed in May.
（この再編計画は5月に実行されます）

This strategy will be executed from Monday.
（この戦略は月曜日から実行されます）

The company executed the strategic plan announced last year.
（会社は昨年発表した戦略を実行しました）

WORDS

- ✔ **nationwide** 　　全国的な
- ✔ **walk（人）through ~** 　（人）に～を順序立てて教える、順番に説明する
- ✔ **strategy** 　　戦略

プロジェクトの推進 で使える4ワード ……… 3
PROMOTE /prəmóut/

　ビジネスでは、プロジェクトを前に進めることが求められます。「推進する」「促進する」などの意味でよく使われるのが、promoteです。前向きな姿勢が表現でき、推進する力がイメージされる単語です。たとえば、以下のような使い方をします。

Let's promote this service through word of mouth.
（このサービスは口コミを通じて推進しましょう）

　promoteは、何かが起きたり進展したりすることを「手助けする」というニュアンスを含んでいます。ビジネスでは、販促や広告などにとどまらず、啓蒙や啓発をしていく時にもpromoteがよく使われます。
　名詞はpromotion（推進、促進）という形になります。sales promotion（販売促進）という言葉はカタカナ語でもよく聞きます。

　また、promotionは「昇進」という意味でも使われることがあります。get a promotionは「昇進する」を意味します。

Chapter 1
ビジネスですぐに効く! 40ワード&使えるフレーズ

こう使える! 販売促進を展開する時に……

A氏: How are we going to sell the new coffee beverage?
（どうやって新しいコーヒー飲料を売りましょうか？）

B氏: We will promote this product through outdoor campaigns and the web first.
（この商品は、最初は屋外キャンペーンとウェブで販売促進をしていきます）

使えるフレーズを増やそう!

Our section is working on a campaign to promote brand awareness.
（この事業部ではブランド認知度を高めるためのキャンペーンに取り組んでいます）

We were discussing the sales promotion plan for next year.
（我々は来年の販売促進案を議論していました）

She got promoted yesterday.
（彼女は昨日、昇進しました）

WORDS

- ✓ **word of mouth** 口コミ
- ✓ **beverage** 飲料、飲み物
- ✓ **outdoor campaign** 屋外キャンペーン
- ✓ **awareness** 気付くこと、認知、自覚

プロジェクトの推進 で使える4ワード……4
EXPAND /ikspǽnd/

　ビジネスを発展させていく上で欠かせないのが、「広がる」「拡大する」という概念です。業務内容を広げる、商品の幅を広げる、事業を行なう地域を拡大するなど、様々なビジネスシーンで「広がり」を表現するのに最適なのがexpandです。規模が大きくなるという意味の単語ですが、「発展する」「展開する」というニュアンスもあります。地域を拡大する際は下記のように使います。

> We intend to expand our business into China.
> （我々は中国にも事業を広げようと考えています）

「中国にも行きたい」と表現しようとして、
　We want to go to China.
というフレーズを思い浮かべる人も多いかもしれません。
　しかし、この言い方では「ただ中国に行きたいだけ」というイメージで聞こえてしまいます。
　日本に拠点を置き、そこから地域を拡大して事業を広げることを表現したい時はexpandを使うと、そのイメージを伝えられます。商業的、経済的な発展について語る時に活用したい単語です。ちなみに、「市場を拡大する」はexpand the marketと表現します。

Chapter 1
ビジネスですぐに効く! 40ワード&使えるフレーズ

こう使える! 今後の事業展開を話し合う時に……

A氏: Where do you see us in the next two years?
（今後2年でどのようになっていると思いますか？）

B氏: We want our services to expand to serve the entire country.
（我々のサービスが全国展開になるまで、拡大していきたいと思っています）

使えるフレーズを増やそう!

Our competitor has expanded its market share by 10% over the last year.
（我々の競合相手は昨年、市場シェアを10％拡大しました）

We are planning on further expansion.
（我々は一層の拡大を計画しています）

👆 プラスワンポイント

　名詞形はexpansionとなり、拡大、増大、拡張、発展を意味します。たとえば、the expansion of a cityで「都市の拡大」となります。

WORDS

- ✔ **intend to ~** 　〜するつもり、〜しようと思う
- ✔ **entire** 　全体の、全部の
- ✔ **competitor** 　競合、競争相手
- ✔ **further** 　もっと先の、その上の、一層の、さらに

困難を乗り越える時 に使える4ワード……1
CHALLENGE /tʃǽlindʒ/

　課題にぶつかった時、前向きに立ち向かうべきなのは言うまでもありません。障壁を「挑戦」という意味のchallengeと表現し、それを乗り越えてチームの成長の機会にしたいものです。下記のように使えば、単なる壁ではなく、「挑戦して克服すべきもの」というニュアンスが伝わります。

> We are facing a big <u>challenge</u>.
> (私たちは大きな課題に直面しています)

「大きな問題に直面している」と言いたい時に、
　We are facing a big problem.
というフレーズを使いがちです。これも文法的には間違いではありませんが、problemという単語はネガティブなイメージを持っており、聞く人は「やっかいなこと」と感じてしまいます。
　problemをchallengeに置き換えて使うと、前向きな響きのある「挑戦」の意味となり、果敢に壁を乗り越えていくというポジティブな気持ちを込めることができます。日本語では「問題」とよく言いますが、英語で問題について話す時はproblemを使わず、challengeに置き換えるとよいでしょう。ただし、動詞のchallengeは「異議を唱える」という意味で使われることが多いので注意してください。

Chapter 1
ビジネスですぐに効く! 40ワード&使えるフレーズ

こう使える! 問題が発生した時に……

A氏: This may be more of a challenge than I thought.
（これは思っていた以上に難しいかもしれません）

B氏: Let's see how we can solve this.
（どうやったら解決できるのか考えましょう）

使えるフレーズを増やそう!

That's a challenge.
（それはやりがいのある挑戦です）

I like facing challenges.
（挑戦しがいのある難問に取り組むのが好きです）

He challenged an expected notion of business.
（彼はビジネスの定説に異議を唱えました）

WORDS

- ✓ **face** 　直面する、面している
- ✓ **solve** 　解決する、解明する、解く
- ✓ **notion** 　概念、考え

困難を乗り越える時 に使える4ワード……2
ISSUE /íʃuː/

　問題にぶつかるたび、困難に直面するたびに「問題」という意味のproblemばかりを使っていては、ネガティブな印象を聞き手に与えてしまいます。前ページのchallengeほど困難ではなく、日本語で「課題」と置き換えられるような場合に使えるのがissueです。話し合うべき課題・問題を意味し、すぐに取り組まなければいけないというニュアンスを持つ単語です。

　たとえば、このような言い回しができます。

> We need to talk about this issue.
> （私たちはこの課題について話し合わなければいけません）

　こうした場合、「問題」をそのまま英語に置き換え、
　We need to talk about this problem.
とproblemをとかく使いがちなのが日本人の傾向です。前述の通り、problemを使うと相手が最初から「やっかいで面倒なこと」という印象を持ってしまう可能性があり、その後の話が難航する恐れもあります。

　issueは「話し合うべき重要なトピック」と覚えておくとよいでしょう。緊急性をアピールでき、前向きに解決していきたいというニュアンスも伝わります。

Chapter 1
ビジネスですぐに効く! 40ワード&使えるフレーズ

こう使える! チームの課題を話し合う時に……

A氏: We need to do something about the operation in the plant. How can we improve the situation?
（工場のオペレーションを何とかしないといけません。この状況をどのように改善できるでしょうか？）

B氏: I would tackle the resource issue. Our number one issue seems to lie in resource allocation.
（私だったらまず、リソースの問題に取り組みます。当社の一番の課題は、経営資源の配置にあると思います）

使えるフレーズを増やそう!

We must resolve the issue.
（課題を解決しなければいけません）

What would you say is the most important issue?
（もっとも重要な課題は何だと思いますか？）

WORDS

- ✔ **plant** 工場、設備、施設、機械、装置、植物
- ✔ **tackle** 取り組む、（ラグビーなどで）タックルする
- ✔ **resource** 資産、資源、物資
- ✔ **allocation** 配分、配置、割り当て
- ✔ **resolve** 解決する、決議する、決意する

困難を乗り越える時 に使える4ワード ……… 3
IMPROVE /imprúːv/

　困難な場面にぶつかった時には、ビジネスの内容を改善させて乗り越えることが必要です。そうした際に、「進歩」や「向上」を表現できる単語がimproveです。「進歩する」「向上する」のほか「改善する」「改良する」「上達する」といった意味を持ち、ポジティブな姿勢をアピールできます。たとえば以下のように使います。

> We can improve our operation.
> （我々はオペレーションを改善できます）

「良くする」と言いたい時に、
　make better
というフレーズを使ってしまう人がよくいます。また、
　Our operation can be better.
のように、be better（もっと良くなる）を使うフレーズも考えられますが、どちらも曖昧で抽象的な印象を与えてしまいます。

　improveは、物事の質や価値を向上させるニュアンスのある単語です。具体的な改善内容をあわせて伝えると、ビジネスにふさわしいスマートな印象を残します。

Chapter 1
ビジネスですぐに効く！40ワード&使えるフレーズ

こう使える！ 売り上げ向上を考える時に……

A氏: We need to improve sales in order to meet the target.
（目標に到達するために、売り上げを改善しないといけません）

B氏: Yes, I've done some simulations for the next quarter.
（そうですね、実は次の四半期のために、いくつかのシミュレーションをしました）

A氏: The market is tough, but I'm sure there is a way.
（市場は厳しい状況ですが、方法はあるはずです）

使えるフレーズを増やそう！

We have to improve our work efficiency.
（私たちは仕事の効率を上げなければいけません）

We should improve the service based on customer feedback.
（顧客の意見に基づいて、サービスを改善していくべきです）

WORDS

- ✔ **in order to ~**　〜するために、〜する目的で
- ✔ **target**　目標、標的、対象
- ✔ **simulation**　シミュレーション
- ✔ **quarter**　四半期、4分の1
- ✔ **tough**　困難な、難しい、丈夫な、固い
- ✔ **efficiency**　効率、能率

困難を乗り越える時 に使える4ワード ········ 4
OPPORTUNITY /ὰpərtʃúːnəti/

　困難を乗り越えた先には、チャンスが到来することがあります。ただ、日本語のチャンスは必ずしも英語のchanceに置き換えられるとは限りません。chanceには冒険、危険などのニュアンスが含まれます。「好機」を最もよく言い表わせる単語がopportunityです。下記のような使い方ができます。

> I want to take this opportunity to thank everybody.
> (この機会を利用して、みなさまに感謝したいと思います)

　日本語の「チャンス」という意味で、
　I want to take this chance to thank everybody.
とchanceを使いたくなるかもしれません。
　しかし、chanceは偶然性が高く、起こるかどうかがはっきりとわからないことを指します。このような場面では適さない単語です。また、ビジネスでは偶然に賭けるような表現は避けたいものです。

　opportunityには目標が実るというニュアンスがあり、より起こる可能性が高いことを示しています。困難な中にもチャンスを見出せる人は、ビジネスでも活躍の幅が広がるでしょう。

Chapter 1
ビジネスですぐに効く! 40ワード&使えるフレーズ

こう使える! 逆境を前向きに捉える時に……

A氏: The research shows that consumers are reluctant to spend. They won't purchase products unless they see their value.
(調査は消費者が買い控えをしていることを示しています。消費者は価値を見出せない商品を買いません)

B氏: We know that it means they will spend if they see it's worth the money. We'll take this as a great opportunity for growth.
(商品にお金を使う価値があるとわかれば、買ってくれるということです。これは成長のためのよい機会と捉えましょう)

使えるフレーズを増やそう!

This is a perfect opportunity to launch the campaign.
(このキャンペーンを実施するのに絶好の機会です)

This is such a rare opportunity.
(本当に、これはめったにない機会です)

WORDS
- ✔ **consumer** 消費者
- ✔ **reluctant** 嫌がる、気の進まない、気乗りしない
- ✔ **spend** (お金や時間を)使う、費やす
- ✔ **purchase** 購入する、手に入れる
- ✔ **worth** 価値がある
- ✔ **growth** 成長、発展、進展、増加

交渉・話し合い で使える4ワード ……… 1
PERSPECTIVE /pərspéktiv/

　ビジネスには多くの企業や人が関わります。社内では上司・部下の立場、社外ではクライアント・消費者の立場などがあり、仕事を円滑に進めるにはそれぞれの立場からものを見ることが求められます。ビジネスで「視点」「観点」の意味で使われるのがperspectiveです。例文を見てみましょう。

> His advice made me see the issue from a broader perspective.
> (彼のアドバイスのおかげで、この問題をより広い視点から捉えることができました)

「違った見方をしなければならない」と表現しようとして、seeを思い浮かべるかもしれませんが、see different thingsというフレーズでは単に「違うものを見る」という意味になってしまいます。

　perspectiveは、姿勢や態度、意見、考え方、判断などのニュアンスまで含まれる単語です。同じような意味の単語に、viewpointがあります。

Chapter 1
ビジネスですぐに効く！40ワード&使えるフレーズ

こう使える！ 価格交渉の時に……

A氏： Are you willing to take this price or not?
（この価格で合意していただけるかどうか決めましたか？）

B氏： I'm not sure if we are ready to make the decision, yet.
（決断するにはまだ早いかもしれません）
We need to see this price issue more from the consumer's perspective.
（我々はもっと消費者の視点に立って、この価格の問題を見なければいけません）

使えるフレーズを増やそう！

Let's see this issue from a different perspective.
（この問題を別の視点から見てみましょう）
From my perspective, there is no problem with the analysis.
（私が見たところ、この分析には問題はありません）

WORDS

- ✔ **broader** より広い（「広い」を意味するbroadの比較級）
- ✔ **decision** 決定、決断、決意、決心、判決
- ✔ **from my perspective** 私の見地では、私の見たところ
- ✔ **analysis** 分析、解析

交渉・話し合い で使える4ワード ……… 2
CONSIDER /kənsídər/

　グローバルビジネスの世界では、決断するために真剣に検討する機会が多くあるはずです。そのニュアンスを的確に言い表わしているのが「よく考える」「熟慮する」という意味で使われるconsiderです。じっくり考えているというニュアンスが伝わるため、意思決定する前など、ビジネスの現場ではよく使われる単語です。

　以下のように、相手に「よく考えて決めてほしい」と伝える時にも、この単語は最適です。

> Could you consider the other option?
> (別の選択肢もご検討いただけませんか？)

「考えてほしい」と伝えようとして、
　Please think about the other option.
のフレーズのようにthinkを使うと、単に「思ってください」という意味で伝わり、〝少しだけ考えてほしい〟というニュアンスが出てしまいます。

　会議や交渉の場では、じっくり検討してよりよい結果を出したい時にconsiderを使うと、相手に真剣さが伝わります。

　名詞形はconsiderationになり、「熟慮」「考慮」のほか、「思いやり」「心遣い」という意味で使われることもよくあります。

Chapter 1
ビジネスですぐに効く！40ワード&使えるフレーズ

こう使える！ 再検討をお願いする時に……

A氏： Could you consider what I've just said?
（私が今言ったことをご検討いただけませんか？）

B氏： I understand what you mean. I'll give it another thought.
（おっしゃることはわかりました。もう一度考えてみます）

使えるフレーズを増やそう！

Let's consider other options before we make a decision.
（決断する前に、他の選択肢もじっくりと考えましょう）

Could you consider my proposals?
（私の提案をご検討いただけませんか？）

Thank you for your consideration.
（お心遣いをいただき、ありがとうございます）

WORDS

- ✔ option　　　　　　　　　選択肢、オプション
- ✔ give it another thought　それについてもう一度考える
- ✔ make a decision　　　　 決断する、決定する
- ✔ proposal　　　　　　　　提案

交渉・話し合い で使える4ワード 3
MONITOR /mάnətər/

　交渉する際や話し合いの場では、すぐには決めずに、経過や状況を見てから判断することも多いでしょう。そのような時に便利な単語がmonitorです。「チェックする」「観察する」「観測する」などの意味を持ち、以下のように、時間を追って経過を見ていこうと考えている時に使えます。

> Let's monitor the progress.
> (進捗をチェックしていきましょう)

「経過を見ます」という日本語から、
　　Let's look at the progress.
のようにlook atを使うと、視覚的に「ちらっと見る」という意味になってしまい、継続して注意深く確認していくというニュアンスは伝わりません。また、「確認する」という意味を直訳したconfirmもこうした場面にはそぐわない表現です。

　monitorは、一定の時間をかけて定期的にきちんと確認している印象を与えます。日本語訳で「監視する」という意味もあるため、ビジネスではあまり使用しないと思われがちですが、日常の仕事の現場でも気軽に使える便利な単語です。

Chapter 1
ビジネスですぐに効く! 40ワード&使えるフレーズ

こう使える! 進捗に問題があった時に……

A氏: I hear you have come up with a solution to the problem we had last month.
（先月抱えた問題の解決策を見出したとお聞きしました）

B氏: We've implemented a new system to keep track of the project.
（プロジェクトの経過を追える新しいシステムを導入しました）

A氏: That means we can monitor the progress more closely now. Let's revisit this issue next month. Keep me updated.
（進捗をもっと詳しく観察できるようになったということですね。この問題は来月、あらためて検討しましょう。また最新情報を教えてください）

使えるフレーズを増やそう!

Let's monitor the sales before we make a decision.
（意思決定をするのは、売り上げの状況を確認してからにしましょう）

We monitored the consumer behavior at the drug store.
（我々はドラッグストアでの消費者行動を観察しました）

WORDS

- ✔ solution — 解決、解明
- ✔ implement — 実行する、履行する、施行する
- ✔ revisit — 再検討する、再び訪れる
- ✔ consumer behavior — 消費者行動

交渉・話し合い で使える4ワード……4
REVISIT /rivízit/

　ビジネスは常に順調に前進するわけではありません。交渉の場面などでは、繰り返し検討しなければいけないことも多いでしょう。違う視点や角度から計画などを見直さなければいけない時に使える単語がrevisitです。「再考する」「再検討する」の意味で、前向きに考えているニュアンスが含まれています。

　以下のように使うと、先の見通しも示されるので、聞く側も安心して話を終えることができます。

> We'll revisit this issue next summer.
> (この問題は来年の夏にまた検討したいと思います)

「また」「再度」の表現として、againが使えると思うかもしれません。しかし、againでは同じことの繰り返しになるような印象を相手に与えてしまいます。

　revisitは、再度検討して前進していきたい気持ちを伝える時に使われます。すぐに同意が得られない場合にも活用できる単語です。

Chapter 1
ビジネスですぐに効く! 40ワード&使えるフレーズ

こう使える! 会議で話がまとまらない時に……

A氏: I feel like we are running in circles.
（議論が堂々巡りになっているように思えます）

B氏: You're right. We'll revisit this topic next week.
（その通りですね。この話題については、来週また検討したいと思います）

使えるフレーズを増やそう!

Let's revisit this topic at a later time.
（この話題については、また後で検討しましょう）

This issue is worth revisiting.
（この課題は再度検討する価値があります）

We're not sure whether this is worth revisiting.
（我々は、これが再度検討する価値があるか確信が持てません）

WORDS

- ✔ running in circles　堂々巡り
- ✔ at a later time　後で
- ✔ worth　価値がある

報告する時 に使える4ワード ……… 1
UPDATE /ʌ̀pdéit/

　仕事を進める過程で、顧客や上司に報告する機会は多いでしょう。失礼がなく、丁寧で率直な印象を与えることを心がけたいものです。様々な報告の中でも、とくに状況報告や進捗を伝える際に使える単語がupdateです。「更新する」「アップデートする」という意味からもわかるように、「最新」というニュアンスを含んでいます。

　報告では、以下のように使うと情報の新しさ、スピード感をアピールできます。

> We will keep you updated.
> （最新情報を随時、お知らせします）

「今日の状況です」と報告しようとして、

This is the situation today.

というフレーズが出てくる人も少なくありませんが、せっかくの最新の状況報告があっさりとした感じに聞こえてしまいます。

　updateは、聞く側に「常に最新情報をくれる人」という印象も与え、信頼関係が深まる表現です。

　ちなみに、ビジネスでは避けなければいけないことですが、「情報が遅れる」を英語ではbe outdated（時代遅れになる、の意）と表現します。

Chapter 1
ビジネスですぐに効く! 40ワード&使えるフレーズ

こう使える! 上司に現状報告を求められた時に……

A氏： What's going on?
（どうなっているのですか？）

B氏： We can't say just yet. The system is still updating itself.
（まだなんとも言えません。システムがまだ更新中です）

使えるフレーズを増やそう!

Keep us updated.
（私たちに常に最新情報を教えてください）

Give me an update on the situation.
（状況のアップデートをしてください）

Please keep me updated on the status of your project.
（私にプロジェクトの状況を逐一報告してください）

The data is updated about once every two weeks.
（データは約2週間に1度、更新されます）

☝ プラスワンポイント

　上記のGive me an update ～のように、updateは名詞としても使うことができます。「最新情報」「最新版」「更新」といった意味になります。名詞の場合は最初のuにアクセントを置いて発音します。

WORDS
✓ **status**　状況、状態、情勢、地位

報告する時 に使える4ワード……2
MANAGE /mǽnidʒ/

　難しいことを克服して業務を遂行する際に、「頑張ってやる」「やり遂げる」の意味で使えるのがmanageです。ビジネスの広い分野で何かと役立つ単語です。

　仕事などを成功させた時は、上司やクライアントに対して下記の例文のように伝えることでアピールできます。

> We managed to complete the task.
> （我々はタスクをやり遂げました）

　たとえば、「〜を終えた」と言いたくて、
We finished the task.
というフレーズが思い浮かぶかもしれません。

　文法的には間違いではありませんが、この言い方では、単に「終えた」というだけで味気ない表現になってしまいます。やり遂げるまでに費やした努力や一生懸命さが伝わりません。

　manageは、「困難があったけれども、頑張ってなんとかやり遂げた」というニュアンスを相手に伝えることができる単語です。

　なお、日本でもすでに経営陣や幹部を指してマネジメントという言葉が広く使われているように、manageには「経営する」「管理する」という意味もあります。

Chapter 1
ビジネスですぐに効く！40ワード&使えるフレーズ

こう使える！ トラブルを乗り切った時に……

A氏： I heard that a machine broke down in the plant. Was everything okay?
（工場で機械が故障したと聞きました。大丈夫でしたか?）

B氏： Yes. We still managed to assemble all the products on time.
（ええ。それでもなんとか予定通りにすべての商品を組み立てることができました）

使えるフレーズを増やそう！

He managed to come in time for the meeting.
（彼はなんとか会議に間に合いました）
She manages a department of ten people.
（彼女は10人の部署のマネジャーです）
He manages a software development company.
（彼はソフトウエア開発の会社を経営しています）

WORDS
- ✓ **complete** 達成する、完成する、仕上げる、もれなく記入する
- ✓ **assemble** 組み立てる、集める
- ✓ **development** 開発、発達、発展

報告する時 に使える4ワード ……… 3
SOLVE /sálv/

　上司やクライアントには、時に難しい問題や困難にぶつかっていることを報告しなければならない時もあるでしょう。そんな時、「問題解決をする」という強い意志があることを伝えられるのが、solveです。「解決する」という意味で、トラブルなどが生じた時に下の例文のように使うと、素早く解決に動ける人という印象を与えます。

> We will solve this problem.
> (この問題を解決します)

　日本語でもsolveの名詞の形であるsolution（解決、解決策）をカタカナで「ソリューション」と、よく使います。

　solve a problem、solve an issueのように、problemやissueと組み合わせてよく使われます。困難な状況に置かれても、この単語で前向きな姿勢を示し、上司やクライアントとのコミュニケーションをうまくとりましょう。

Chapter 1

ビジネスですぐに効く! 40ワード&使えるフレーズ

こう使える! 問題の解決に向けて動く時に……

A氏: I heard that we might have to ship the orders late.
（納期が遅れるかもしれないと聞きました）

B氏: We're aware that this is a serious problem.
（深刻な問題だと承知しています）

I've arranged a conference call tonight to discuss how to solve it.
（これをどのように解決するかを話し合う電話会議を今晩、設定しました）

使えるフレーズを増やそう!

The problem was easily solved.
（問題は簡単に解決しました）

What do you think should be done to solve the issue?
（問題を解決するために何がなされるべきだとお考えですか？）

WORDS

- ✓ ship　　　　　　出荷する、発送する、送る、輸送する
- ✓ order　　　　　注文、命令
- ✓ aware　　　　　承知している、気付いている
- ✓ serious　　　　深刻な、重大な、まじめな
- ✓ conference call　電話会議

報告する時 に使える4ワード……4
REPORT /ripɔ́ːrt/

　上司やクライアントに進捗状況や結果などを伝える時に、よく使われるのがreportです。日本語でも「レポートする」とカタカナで表現されており、英語を使ったビジネスの現場でもreport on 〜の形で頻繁に活用される単語です。

> I will <u>report</u> on the progress of the project.
> （私はプロジェクトの進捗について報告します）

　なお、report to 〜で「〜に直属である」「〜の部下である」という表現になります。ビジネスの場で上司と部下の関係をはっきり伝える時に使われます。

「上司」と言おうとして、bossばかりを使っていると、ビジネスシーンではカジュアルな印象になってしまいます。
　状況に応じてreport to 〜 のような、オフィシャルな表現を使えるようにしておきましょう。

Chapter 1
ビジネスですぐに効く！40ワード&使えるフレーズ

こう使える！　クライアントに報告する時に……

A氏： We are here to report on the continuing development of the new e-commerce website.
（新しいeコマースのウェブサイト開発の進捗について報告するために参りました）

The development is going well and we may even be able to start the user test a week early.
（開発は順調で、ユーザーテストを1週間早めて始めることもできるかもしれません）

B氏： That's great.
（それはすばらしい）

使えるフレーズを増やそう！

He reported on the project to his manager.
（彼はマネジャーにプロジェクトについて報告しました）

I report to Mr. Okawa, our executive vice president.
（私の上司は取締役副社長の大川です）

Who do you report to?
（あなたの上司はどなたですか？）

WORDS
- ✓ **progress**　進捗、進行、進展、進歩、上達、経過
- ✓ **development**　開発、発達、発展
- ✓ **e-commerce**　電子商取引、eコマース
- ✓ **vice president**　副社長、副大統領、副総裁

Chapter 1

出典／
【実践ビジネス英語講座】
Practical English for Global Leaders（PEGL）
関谷英里子『ビジネスパーソンのための英単語講座』

　番組では本書で紹介した40単語以外にもビジネスで使える単語を紹介。また、ここでは紹介しきれなかった別のフレーズについても解説。関谷講師のわかりやすい語り口は受講者の間でも人気となっている。加えて番組では、アメリカ出身で日本人の英語の悩みについてよく知るBrandon Stowell（ブランドン・ストール）氏をパートナーに迎え、単語が持つニュアンスなども詳細に紹介する。1回約30分×全12回。なお、本書では紙面でより理解しやすいよう、番組内容から一部を変更、再構成している。

Chapter 2

失敗シーンから学ぶ
「英語でビジネス」のコツ

講師：船川淳志

Chapter 2 の使い方

　この章では、日本人が陥りやすい「失敗シーン」をもとに、ビジネスの現場でふさわしい言い方・話し方・フレーズを紹介していきます。

　まず、 Case study：失敗シーン に目を通してください。「失敗シーン」のやりとりには、どこか〝おかしい点〟〝ビジネスパーソンとしてふさわしくない言い方〟があります。何がまずいのかを考えながら読んでください。

　続いて、 ? どこで失敗してしまったのか? の欄で失敗の理由を解説し、 ! こう発言すればよかった! の欄ではグローバルで仕事をするビジネスパーソンとしてふさわしい言い方・フレーズを紹介します。ここの英文は繰り返し声に出して読んでください。

　あわせて、 Case study：成功シーン のやりとりも発音しながら繰り返し読むと、早く身に付きます。

　Scene⑪以降はやや難易度が高くなりますが、紹介したシーンはいずれもビジネスの中で誰もが経験する場面ばかりです。単なる「英語のテクニック」だけではなく、外国人と仕事をし、スムーズにコミュニケーションを進めるためのマインドも紹介しているので、英語が少し難しくてもその背景にある「考え方」をぜひ頭に入れていただきたいと思います。2度目からは、 ! こう発言すればよかった! 欄と Case study：成功シーン を集中的に繰り返し読むことをお勧めします。

How to use...

日本人が陥りやすい失敗シーン

失敗の理由を解説

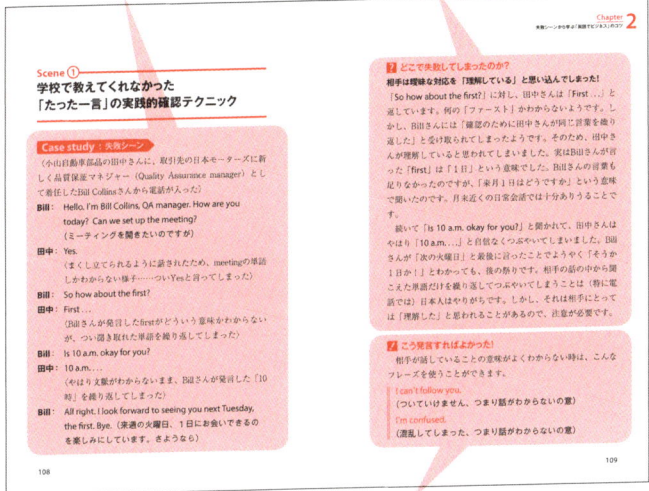

Scene ①
学校で教えてくれなかった
「たった一言」の実践的確認テクニック

Case study：失敗シーン

〈小山自動車部品〉の田中さんに、取引先の日本モーターズに新しく着任した品質保証マネージャー（Quality Assurance manager）として着任したBill Collinsさんから電話が入った。

Bill: Hello, I'm Bill Collins, QA manager. How are you today? Can we set up the meeting?
（ミーティングを開きたいのですが）

田中: Yes.
（まくし立てられるように話されたため、meetingの単語しかわからない様子……ついYesと言ってしまった）

Bill: So how about the first?

田中: First ...
（Billさんが発言したfirstがどういう意味かわからないが、つい聞き取れた単語だけを繰り返してしまった）

Bill: Is 10 a.m. okay for you?

田中: 10 a.m....
（やはり文脈がわからないまま、Billさんが発言した「10時」だけを繰り返してしまった）

Bill: All right. I look forward to seeing you next Tuesday, the first. Bye.（来週の火曜日、1日にお会いできるのを楽しみにしています。さようなら）

? どこで失敗してしまったのか？
相手は曖昧な対応を「理解している」と思い込んでしまった！

「So how about the first?」に対し、田中さんは「First ...」と返しています。何の「ファースト」かわからないようです。しかし、田中さんには「確認のために田中さんが同じ言葉を繰り返した」と受け取られてしまったようです。そのため、田中さんが理解していると思われてしまいました。実はBillさんが言った「first」は「1日」という意味でした。Billさんの言葉も足りなかったのですが、「来月1日はどうですか」という意味で聞いたのです。月末近くの日常会話では十分ありうることです。

続いて「Is 10 a.m. okay for you?」と聞かれて、田中さんはやはり「10 a.m....」と自信なくつぶやいてしまいました。田中さんが「次の火曜日」と最後に言ったところでようやく「そうか1日か」とわかっても、後の祭りです。相手の話の中から聞こえた単語だけを最後に繰り返してつぶやいてしまうことは（特に電話では）日本人はやりがちです。しかし、それは相手にとっては「理解した」と思われることがあるので、注意が必要です。

✓ こう発言すればよかった
相手が話していることの意味がよくわからない時は、こんなフレーズを使うことができます。

I can't follow you.
（ついていけません、つまり話がわからないの意）
I'm confused.
（混乱してしまった、つまり話がわからないの意）

ビジネスの場にふさわしいフレーズを紹介

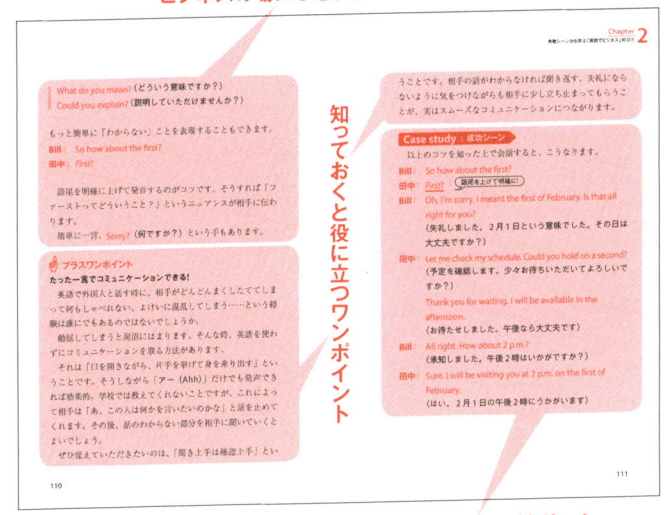

What do you mean?（どういう意味ですか？）
Could you explain?（説明していただけませんか？）

もっと簡単に「わからない」ことを表現することもできます。
Bill: So how about the first?
田中: First?

語尾を明確に上げて発音するのがコツです。そうすれば「ファーストってどういうこと？」というニュアンスが相手に伝わります。
簡単に一言、Sorry?（何ですか？）という手もあります。

プラスワンポイント
たった一言でコミュニケーションできる！

英語で外国人と話す時に、相手がどんどんまくし立ててしまってぜんぜんしゃべれない、よけいに混乱してしまう……という経験は誰にでもあるのではないでしょうか。
緊張してしまうのは英語によります。そんな時、英語を使わずにコミュニケーションを取る方法があります。
それは「口を開きながら、片手を挙げて身を乗り出す」ということです。そうしながら「アー（Ahh）」だけでも発声できれば効果的。学校では教えてくれないようですが、これによって相手は「あ、この人は何かを言いたいのかな」と話をとめてくれます。その後、話のわからない部分を相手に聞いていくとよいでしょう。
ぜひ覚えていただきたいのは、「聞き上手は確認上手」とい

うことです。相手の話がわからなければ聞き返す、失礼にならないように気をつけながらも相手に少し立ち止まってもらうことが、実はスムーズなコミュニケーションにつながります。

Case study：成功シーン

以上のコツを知った上で会話すると、こうなります。

Bill: So how about the first?
田中: First?（語尾を上げて明確に）
Bill: Oh, I'm sorry. I meant the first of February. Is that all right for you?
（失礼しました。2月1日という意味でした。その日は大丈夫ですか？）

田中: Let me check my schedule. Could you hold on a second?
（予定を確認します。少々待ちいただいてよろしいですか？）
Thank you for waiting. I will be available in the afternoon.
（お待たせしました。午後なら大丈夫です）

Bill: All right. How about 2 p.m.?
（承知しました。午後2時はいかがですか？）

田中: Sure. I will be visiting you at 2 p.m. on the first of February.
（はい、2月1日の午後2時にうかがいます）

知っておくと役に立つワンポイント

紹介したフレーズを使った場合の"スマート"な会話

Chapter 2 主な登場人物

小山自動車部品

顧客開発室長 加藤博さん

英語が少し苦手な40代ビジネスマン。重要顧客の日本モーターズに外国人マネジャーがやってきたことから、英語の勉強を始めた。その後、日本モーターズが傘下に入ったワールドモーターズのシンガポールの拠点に一時出向することに。

顧客開発室 田中恵美さん

加藤さんの部下。少しは英語ができるが、本格的なビジネスはしたことがなかった。日本モーターズが主導するグローバルチームのプロジェクトに参加することになる。

一時ワールドモーターズ社のシンガポールの拠点に出向

取引

会社を超えた同じプロジェクトチームに

日本モーターズ

Bill Collinsさん

新しく品質保証マネジャー(Quality Assurance manager)として着任した。

Debbie Millsさん

田中さんも参加するグローバルチームのプロジェクトのチームリーダー。

Woo Soon Pengさん　Jessie Meng Jooさん

ワールドモーターズ・シンガポールの現場スタッフ。出向してきた加藤さんを上司として迎えることになる。

ワールドモーターズ

(講師紹介)

船川淳志 (ふなかわ・あつし)

グローバルインパクト代表パートナー。1956年生まれ。慶應義塾大学法学部卒業。東芝、アリコ・ジャパン勤務ののち90年に渡米。アメリカ国際経営大学院（サンダーバード校）にてＭＢＡ取得後、シリコンバレーを拠点に組織コンサルタントとして活躍。現在、リーダーシップ、人材開発などのテーマでセミナーを精力的に行なう。大前研一氏との共著『グローバルリーダーの条件』（ＰＨＰ研究所刊）のほか、『英語が社内公用語になっても怖くない』（講談社プラスアルファ新書）、『ロジカルリスニング』（ダイヤモンド社刊）など著書多数。

Scene ①
学校で教えてくれなかった「たった一言」の実践的確認テクニック

Case study：失敗シーン

〈小山自動車部品の田中さんに、取引先の日本モーターズに新しく品質保証マネジャー（Quality Assurance manager）として着任したBill Collinsさんから電話が入った〉

Bill： Hello. I'm Bill Collins, QA manager. How are you today? Can we set up the meeting?
（ミーティングを開きたいのですが）

田中： Yes.
〈まくし立てられるように話されたため、meetingの単語しかわからない様子……ついYesと言ってしまった〉

Bill： So how about the first?

田中： First ...
〈Billさんが発言したfirstがどういう意味かわからないが、つい聞き取れた単語を繰り返してしまった〉

Bill： Is 10 a.m. okay for you?

田中： 10 a.m. . . .
〈やはり文脈がわからないまま、Billさんが発言した「10時」を繰り返してしまった〉

Bill： All right. I look forward to seeing you next Tuesday, the first. Bye.（来週の火曜日、1日にお会いできるのを楽しみにしています。さようなら）

? どこで失敗してしまったのか?

相手は曖昧な対応を「理解している」と思い込んでしまった!

「So how about the first?」に対し、田中さんは「First ...」と返しています。何の「ファースト」かわからないようです。しかし、Billさんには「確認のために田中さんが同じ言葉を繰り返した」と受け取られてしまったようです。そのため、田中さんが理解していると思われてしまいました。実はBillさんが言った「first」は「1日」という意味でした。Billさんの言葉も足りなかったのですが、「来月1日はどうですか」という意味で聞いたのです。月末近くの日常会話では十分ありうることです。

続いて「Is 10 a.m. okay for you?」と聞かれて、田中さんはやはり「10 a.m. ...」と自信なくつぶやいてしまいました。Billさんが「次の火曜日」と最後に言ったことでようやく「そうか1日か!」とわかっても、後の祭りです。相手の話の中から聞こえた単語だけを繰り返してつぶやいてしまうことは(特に電話では)日本人はやりがちです。しかし、それは相手にとっては「理解した」と思われることがあるので、注意が必要です。

! こう発言すればよかった!

相手が話していることの意味がよくわからない時は、こんなフレーズを使うことができます。

I can't follow you.
(ついていけません、つまり話がわからないの意)
I'm confused.
(混乱してしまった、つまり話がわからないの意)

> What do you mean?（どういう意味ですか？）
> Could you explain?（説明していただけませんか？）

もっと簡単に「わからない」ことを表現することもできます。
Bill： So how about the first?
田中： *First*?

　語尾を明確に上げて発音するのがコツです。そうすれば「ファーストってどういうこと？」というニュアンスが相手に伝わります。
　簡単に一言、Sorry?（何ですか？）という手もあります。

👆 プラスワンポイント

たった一言でコミュニケーションできる!
　英語で外国人と話す時に、相手がどんどんまくしたててしまって何もしゃべれない、よけいに混乱してしまう……という経験は誰にでもあるのではないでしょうか。
　動揺してしまうと泥沼にはまります。そんな時、英語を使わずにコミュニケーションを取る方法があります。
　それは「口を開きながら、片手を挙げて身を乗り出す」ということです。そうしながら「アー（Ahh)」だけでも発声できれば効果的。学校では教えてくれないことですが、これによって相手は「あ、この人は何かを言いたいのかな」と話を止めてくれます。その後、話のわからない部分を相手に聞いていくとよいでしょう。
　ぜひ覚えていただきたいのは、「聞き上手は確認上手」とい

Chapter 2
失敗シーンから学ぶ「英語でビジネス」のコツ

うことです。相手の話がわからなければ聞き返す、失礼にならないように気をつけながらも相手に少し立ち止まってもらうことが、実はスムーズなコミュニケーションにつながります。

Case study：成功シーン

以上のコツを知った上で会話すると、こうなります。

Bill： So how about the first?

田中： *First*?　（語尾を上げて明確に!）

Bill： Oh, I'm sorry. I meant the first of February. Is that all right for you?
（失礼しました。2月1日という意味でした。その日は大丈夫ですか？）

田中： Let me check my schedule. Could you hold on a second?
（予定を確認します。少々お待ちいただいてよろしいですか？）

Thank you for waiting. I will be available in the afternoon.
（お待たせしました。午後なら大丈夫です）

Bill： All right. How about 2 p.m.?
（承知しました。午後2時はいかがですか？）

田中： Sure. I will be visiting you at 2 p.m. on the first of February.
（はい。2月1日の午後2時にうかがいます）

Scene ②
ビジネスでは推論を述べる時にPerhapsを使ってはいけない!

Case study：失敗シーン

〈小山自動車部品の田中さんと上司の加藤さんが、日本モーターズのBillさんと初めてのミーティングに臨んだ〉

Bill： Tell me some strengths of your company.
（御社の強みを教えてください）

田中： We have a good relationship with these clients and made our reputation.
（〈会社資料を見せながら〉これらの**顧客企業**と**良好な関係**を築いており、それが私たちの**評判**となっています）

Bill： Why? Why do your clients like your company?
（なぜ？　なぜあなたの**顧客**は、あなたの**会社**がいいというのでしょうか？）
〈Billさんには、田中さんの言葉が「会社の強み」には聞こえなかった〉

田中： Perhaps we have provided good services.
（たぶん、我々が良いサービスを提供しているからでしょう）

Bill： Perhaps? Is there any other good reason?
（〈怪訝な表情で〉たぶん？　ほかに何か**理由**はないですか？）

加藤： I think our technology is also acceptable.

WORDS
✓ reputation　評価、評判、好評、名声

（我々のサービスがなんとか受け入れられているからだとも思います）

〈Billさんはそれを聞いて、呆れたような表情になってしまった〉

❓ どこで失敗してしまったのか？

曖昧な言葉が多すぎて、弱いイメージしか伝わらなかった

　初めて会うBillさんが「御社の強みを教えてください」と聞いたのは、具体的な技術や分野などを知りたかったからです。ところが田中さんは、「顧客と良好な関係を築いています」と答えるにとどまりました。これでは抽象的すぎて通用しません。

　会社の強みがきちんと説明されていないため、Billさんは「Why?」と聞き返します。このような光景は外資系企業では珍しくなく、何か疑問があれば「Why?」を連発してきます。

　田中さんは理由を話す時に「Perhaps〜」と言ったので、Billさんは不安になってきました。学校で「たぶん」と習った「perhaps」は、可能性はあるけれども確実性が低い「もしかしたら」くらいのニュアンスなのです。ですからビジネスではこの単語はほとんど使いません。その場で推論を言うならば、「probably」です。

　さらに加藤さんは「I think our technology is also acceptable」と「I think」を使いましたが、この場合は個人的な感想のように聞こえてしまい、非常に弱い印象を与えてしまいました。加えて加藤さんは「受け入れられている」とポジティブな話をするつもりで「acceptable」を使いましたが、これは「（やむなく）許容されている」というニュアンスになってしまいます。こうして、曖昧な言葉とニュアンスの間違いのために、

自社の強みを説明することができませんでした。

⚠ こう発言すればよかった!

相手から「なぜ？」と理由を聞かれたら、事実に基づいて理由や根拠を明確に伝えると説得力が増します。たとえば以下のフレーズを使うことができます。

in fact（事実として）
actually（実際に、現実に）

ファクトの1つとして、話の中に具体的な数字を入れるのも効果的です。田中さんは、せっかく会社の資料を持っているのなら、これまでの実績を表わす「根拠」として伝えるような言い方をすればよかったのです。

☝ プラスワンポイント

「PREP方式」でメリハリをつけよう!

日本人は「能ある鷹は爪を隠す」が定着しているのか、自社や自分の強みをきちんと説明するのが苦手です。初めに「我が社の強みは2つあります」などとメリハリをきかせて、事例を出しながら説明すれば相手に伝わりやすくなります。

そこでプレゼンやミーティングの際にお勧めしたいのが、「PREP方式」による文章の組み立てです。

Point： My point is that . . .（ポイントは…）
Reason： The reason why I mentioned it is that . . .
　　　　（私がそう話した理由は…）
Example： For example . . .（たとえば…）
Point： That's why . . .（このように／したがって…）

Chapter 2 失敗シーンから学ぶ「英語でビジネス」のコツ

　このように話せば、事実・根拠が相手に伝わりやすくなります。自社の強みを英語で考えておくことも必要ですね。

Case study：成功シーン

　以上のコツを知った上で会話すると、こうなります。

Bill： Tell me some strengths of your company.

田中： 〈会社資料を見せながら〉This list can tell you our strengths.
（このリストから我々の強みが伝わるでしょう）
We have established our reputation among these major clients.
（我が社はこれらの大手顧客の間で評価を得ています）
I would like to highlight two points.
（2つのポイントに焦点を絞ってお話しします）

Bill： Go ahead.（どうぞ続けてください）

田中： First, services: our technical support team has installed a leading-edge monitoring system to respond to client demand.
（まず、サービスです。我が社の技術サポートチームは、クライアントの要求に対応する最新鋭のモニタリング・システムを組み込んでいます）
In fact, some other companies benchmarked our practice. Second, ~（実際、他社で我々をベンチマークにしているところもあります。2つめは~）

Bill： That's quite impressive.（それは大したものですね）

WORDS
- ✔ **establish**　　　確立する、設立する、打ち立てる
- ✔ **leading-edge**　最前線の、最先端の
- ✔ **impressive**　　すばらしい、強い印象を与える、印象的な

Scene ③
「聞き上手」になれば失敗しない
〝わからない悪循環〟に陥らないためのフレーズ

Case study：失敗シーン

〈ミーティングの席で、小山自動車部品の加藤さんと田中さんに、Billさんから共同プロジェクトが提案された。そのプロジェクトに参加できる人を求めているようだ〉

Bill：〈提案書を渡しながら〉We will need at least one person from your company for a full-time engagement for the next three or four months. So can you do this?
（御社から少なくとも1名、3〜4か月間、プロジェクトに張りつく人が必要です。御社で可能ですか？）

加藤：Me? Oh, I can't do this.（私？　私にはできません!）
But maybe Tanaka will do it.
（でも、田中ならできるでしょう）

〈突然話を振られた田中さんは「私が？」と驚いた表情〉

Bill：So, Ms. Tanaka, can you make it?
（では田中さん、やっていただけますか？）

田中：〈仕方なさそうな表情で〉... yes.

WORDS　✓ **engagement**　取り組み、約束、契約

❓ どこで失敗してしまったのか？

相手の聞いてきた内容に対して確認の質問を怠ってしまった

Billさんの「So can you do this?」に対し、加藤さんは即座に「できません」と答えてしまいました。Billさんはプロジェクトの参加者を小山自動車部品から出せるかと聞いていたのですが、加藤さんは自分が出向できるか聞かれたと勘違いしてしまったようです。「私がこのプロジェクトに入ってしまったらどうしよう？」と焦るあまり、いきなり田中さんに振ってしまい、田中さんも困ってしまいました。

Billさんの質問にある「you」は「御社として」という意味でした。微妙なニュアンスを見極めるのは難しい場合もありますが、そうした場合も確認や質問をすればいいのです。内容をしっかり確認しないまま「イエス」などと言ってしまうと、後で取り返しがつかなくなってしまう恐れがあります。

❗ こう発言すればよかった!

確認したい時、詳しいことがわからない時、ビジネスの場ではこんなフレーズがよく使われます。出てくる頻度の高い言葉ばかりですから、ぜひ覚えておきましょう。

> Let me clarify what you said.
> （おっしゃったことを確認させてください）
> Could you give us more detailed information?
> （より詳細な情報をいただけないでしょうか？）
> Could you elaborate a little bit?
> （もう少し詳しく話していただけますか？）

WORDS ✓ **elaborate** 詳しく話す、磨きをかける、念入りに作る

より礼儀正しく確認したい場合は、以下のような言い方をするとよいでしょう。

| Let me ask some questions.
| May I ask some questions?

「質問してもよろしいでしょうか？」と許可を求めているので、丁寧な聞き方になります。

　質問をすることで相手に詳しい内容を話してもらえば、わからない点が少なくなってきます。そうすれば曖昧なまま「Yes」とか「I see」と言ってしまうこともなくなるでしょう。わからないまま進むと、全体が見えなくなる悪循環に陥ります。外国人とのミーティングでは、どんどん質問して「わからない悪循環」に入り込まないことが重要です。

Case study：成功シーン

以上のコツを知った上で会話すると、こうなります。

Bill： So can you do this?（御社で可能ですか？）

加藤： Yes, we would like to do so, but let me ask some questions.
（ええ、そのようにしたいと思いますが、いくつか質問をさせてください）

Bill： Sure.（どうぞ）

加藤： Could you tell us his or her role and responsibilities?
（担当になる者の役割と責任範囲を教えていただけないでしょうか？）

Chapter 2
失敗シーンから学ぶ「英語でビジネス」のコツ

👆 プラスワンポイント

「R&R」を覚えておこう

「成功シーン」で加藤さんの発言の最後に出てきたrole and responsibilitiesはグローバルビジネスでは頻出のフレーズなので、ぜひ覚えておいていただきたいと思います。「Ｒ＆Ｒ」とも呼ばれ、「役割と責任」という意味です。

言うまでもなく、ビジネスでは常に役割・責任がどこまでの範囲なのかを確認しながら進めていくことは重要です。しかし、多国籍のグローバルチームや組織の中では、お互いの思い込みがあって認識が食い違うケースが少なくありません。

ですから、
Let's clarify our role and responsibilities.
というように、常に確認作業を怠らないようにしましょう。

Scene ④
外国人には通じない日本人の謙遜
「I can't speak English well」は禁句です

Case study ：失敗シーン

〈小山自動車部品の取引先の日本モーターズが、外資のワールドモーターズ傘下に入った。田中さんは小山自動車部品代表として3社合同プロジェクトのグローバルチームへ参加することに。初めてのミーティングで、チームのリーダーとなった日本モーターズのDebbie Millsさんに自己紹介を求められた〉

Debbie： Tell us your background.
（あなたの経歴を教えてください）

田中： I work for Oyama Automotive. I used to belong to the technical support division, and then I moved to the current division.
（小山自動車部品で働いています。以前はテクニカルサポート部門で働いていて、その後、今の部署に異動しました）

Debbie： Any requests for us?
（何か私たちにリクエストしたいことはありますか？）

田中： As you know, I can't speak English well. So I'm very nervous now.
（ご承知の通り、私は英語があまりうまくありません。だから今、とても緊張しています）

〈一同、英語で話しているのになぜ神経質になっているのかわ

WORDS
- ✔ **division**　部署、区分、分割
- ✔ **current**　現在の、流通している、流れ

からないという顔をしている〉

Debbie： Don't worry. All you should do is speak out.
（そんなことは気にしないで。遠慮せず話せばいいのですよ）

田中： Okay. My request is for everyone to speak as clear English as possible.
（はい。私からお願いしたいのは、みなさんにできる限りクリアな英語を話してほしいということです）

〈一同、困ったような顔になってしまった〉

❓ どこで失敗してしまったのか？
自己紹介がぎこちない上に、唐突で失礼な表現を使ってしまった

　日本人が言いがちなのが、「I can't speak English well」というフレーズです。初のミーティングで緊張していた田中さんもそう言ってしまいましたが、実際には「英語で」話しているため、出席者には矛盾して聞こえてしまいます。日本人がつい言いたくなる決まり文句ですが、外国人は「何を大げさに」と感じるフレーズです。

　続いてDebbieさんに「心配しないで、話せばいいのですよ」と促されて、田中さんは思い切ってリクエストを言ったのですが、「clear Englishを話してほしい」というものでした。田中さんは「わかりやすく話してほしい」とお願いしたつもりだったのでしょう。しかし、この言い方では受け手は「あなたたちの英語はクリアではない」と言われたと思ってしまいます。

　もう1点、問題があります。田中さんは自己紹介で属性、つまり社名と所属部署しか話していませんでした。これでは、ど

んな仕事をしてきたのか、どんな専門性があるのかがまったくわかりません。これも日本人が自己紹介の際によくやりがちですが、グローバルビジネスではWhat can you do?（何ができるのか？）であり、your competency（あなたが成果を出せる強み）が問われます。

❗ こう発言すればよかった!

英語の聞き取りに自信がない時は、以下のようなフレーズを使うことができます。具体的にお願いするのがポイントです。

May I ask all of you to speak slowly and clearly?
（みなさん、ゆっくり、はっきり話していただけないでしょうか？）

複数の外国人が出席するミーティングで上記のようなお願いをする際は、「you」ではなく「all of you」を使うようにしましょう。特定の人ではなく、出席者全員にお願いするニュアンスになります。

May I ask you to enunciate?

enunciateはあまり馴染みがないかもしれませんが、「はっきり口を動かして発音する」という意味です。インド人は早口の上にアクセントが強いことで有名ですし、ネイティブ同士の会話も時々口ごもったような発音になり、聞き取りづらいことがあります。こう伝えることによって、大きく口を動かしてはっきり発音してくれます。

Please clarify idioms.（イディオムを明確にしてください）
Please avoid idioms.（イディオムを避けてください）

慣用句は、イギリス人とアメリカ人の間でも異なります。

慣用句を噛み砕いてもらうか、使わないようにしてもらえばスムーズにコミュニケーションできます。

Case study：成功シーン

以上のコツを知った上で会話すると、こうなります。

Debbie： All you should do is speak out.

田中： I'll try my best. May I ask all of you to speak slowly and clearly?

（ベストを尽くします。みなさんにお願いしたいのですが、ゆっくり、はっきりと話していただけないでしょうか？）

And one more request: please clarify idioms.

（もう1つ、イディオムを明確にしてください）

Debbie： Sure. In fact, that makes sense for all of us.

（もちろんです。実際、それは私たち全員に役立ちます）

Camilla： That helps me too.

（〈同席していたポーランド人のCamillaさん〉私も助かります）

Debbie： Although we speak English, we should speak "Global English."

（私たちは英語を話しますが、まさに〝グローバル英語〟を話すべきですね）

〈こうして、みなが「全員にわかりやすい英語」を話そうという共通認識ができた〉

Scene ⑤
ブレーンストーミングでチャンスを逃さない「話しながら話すことを考える」テクニック

Case study：失敗シーン

〈グローバルチームのミーティング。現状に縛られないで創造的にアイデアを出しあうブレーンストーミングの場で、他の人から「たとえば生産コストを半分にできたらいいね」という発言があった。その後、小山自動車部品の田中さんが意見を求められた〉

田中： I had the same idea as Mr. Wang.
（〈直前に発言した〉Wangさんと同じ意見です）

Debbie： Well, try something else.（他にないでしょうか?）

田中： There was a comment about cutting production costs in half.
（さきほど〈別の人から〉生産コストを半分にするというコメントがありました）

Debbie： So?（それで?）

田中： I think that's not good because we sacrifice quality. I know one company which doubled the defect rate.
（それは品質を犠牲にしてしまうのでよくないと思います。不良品の比率が2倍になってしまった会社があるのを知っています）

Debbie： At this point, you don't have to evaluate others' comments.

WORDS
- ✓ sacrifice　犠牲にする
- ✓ defect　欠陥、欠点、弱点、離れる
- ✓ evaluate　評価する、査定する

（今は他の人のコメントを評価する必要はありません）

All we are doing is bouncing off our ideas. Can you think of something?

（我々はアイデアを出しあっているのです。他にありませんか？）

田中： I don't know.（わかりません）

❓ どこで失敗してしまったのか？

「ブレスト」で他者の意見に否定的なことを言ってしまった

まず、アイデアを聞かれた田中さんは「〜さんと同じ意見です」と答えています。それぞれがいろいろな意見を出さなければいけないブレーンストーミングの場面で、「人と同じ」というのは、消極的で仕事ができない人であることを公言しているようなものです。田中さんが最後に言った「I don't know」も禁句です。せっかく発言して自分をアピールするチャンスを逸してしまいました。

実は田中さんは部品を納入する立場から、生産コストを削減されたら品質低下が起きるのではないだろうか、と心配していたのでした。それで他の出席者が話した生産コスト削減について否定的な意見を述べました。これについてDebbieさんからは「評価はいらない」と注意されてしまいました。ブレストの時は、他の参加者の意見を否定しないのがマナーです。

また、否定的な言い方や単語はネガティブな印象を聞き手に与えやすいので、意識的に避けるようにしたほうが無難です。

WORDS　✓ **bounce off**　引き出す

❗ こう発言すればよかった!

　急に話や質問を振られて、準備ができていない時は、以下のフレーズを覚えておくと役立ちます。こうしたフレーズを話している間に、何を言うか考えるというテクニックが使えます。

> Well, I think I have two things to say.
> （そうですね、言いたいことは2つあります）

　たまたま自分と同じアイデアや考えを他の出席者に先に言われてしまった場合は、以下のフレーズを使います。そうすればhowever以降に話す自分の意見を考えることができます。

> Actually, I had exactly the same idea. However 〜
> （確かに私も同じ考えを持っています。しかしながら〜）

　考えなくてもすぐに、これらのフレーズが出てくるように練習しておけば、その間に発言内容を考える余裕を自分自身に与えることができるのです。また、
> Let me think.（**考えさせてください**）

と言えば、もう少し時間をもらえるでしょう。
　前の人の発言を否定するのはNGですが、発想の転換をして自分の懸念事項を前向きに表現することも可能です。

Chapter 2
失敗シーンから学ぶ「英語でビジネス」のコツ

Case study：成功シーン

以上のコツを知った上で会話すると、こうなります。

田中： There was a comment about cutting production costs in half.
（生産コストを半分にするというコメントがありました）

Debbie： So?（それで？）

田中： I would like to comment on quality.
（私は品質について述べたいと思います）
Let's say we have contributed to a reduction of the defect rate by half.
（私たちは不良品の比率を半分にすることに貢献したと言うのはいかがですか）

Debbie： All right. That's a good idea.
（なるほど。いいアイデアですね）

WORDS
- ✔ let's say ～　～と言うのはどうですか
- ✔ contribute　貢献する、寄与する、寄付する
- ✔ reduction　削減、低下、縮小

Scene ⑥
一語一訳の習慣を捨て去ろう!
相手をイライラさせない「確認の方法」

Case study：失敗シーン

〈小山自動車部品の田中さんが、会議で説明を聞いている時に意味を理解できなかったキーワードについて、休憩時間にグローバルチームのDebbieさんに質問した〉

田中： I want to question your use of words.
（あなたの言葉づかいについて問いたいと思います）

Debbie： All right, go ahead.（ええ、どうぞ）

田中： Before the break, you said, "our team goal." But I also remembered you said, "our vision." So which is correct?
（休憩前、あなたは「私たちのチームのゴール」と言いました。しかし「私たちのビジョン」とも言いましたよね。どちらが正しいのですか？）

Debbie： It's not an issue of right or wrong. We use both of them. You don't have to make it a big deal.
（正しいか間違っているかという問題ではありません。両方使います。そんなことは大した問題ではありません）

WORDS
✓ make it a big deal　大げさにする、大きな問題とする

Chapter 2
失敗シーンから学ぶ「英語でビジネス」のコツ

❓ どこで失敗してしまったのか？
本題ではないところにとらわれ、イライラさせてしまった

　まず、最初の言い方では詰問口調です。次に、言葉の意味を聞いているのですが、問題は「一語一訳」という学校で習った習慣にとらわれて全体の流れを理解しようとしなかったことです。それでDebbieさんは「そんな細かいことを気にしないで」とイライラしてしまいました。

　言葉の意味を確認することが必要な場面もあります。しかし、「Which is correct?」では、「あなたはどちらかは間違った言葉づかいをしている」というニュアンスで伝わってしまいます。さらにここで使っている「But 〜 」は、余計に重箱の隅をつついているかのように聞こえてしまいます。

　これは日本人が単語の細かい意味にこだわるあまり、陥りやすい失敗です。これをビジネスの現場でネイティブスピーカーにやると、「I'm not an English teacher」というフレーズが出てくることがあります。それを聞いたら要注意！　相手は「いいかげんにして」とイライラを募らせていると察知しましょう。

❗ こう発言すればよかった！

　出てきた言葉が意味することがよくわからず、相手に確認したい時は「clarify」が便利です。

> Could you clarify this word?
> （この言葉について明確にしていただけませんか？）

相手が話していることの意味がわからない時は、以前にも出てきた、このフレーズを使うことができます。

I'm confused.
(混乱してしまった、つまり話がわからないの意)

Case study：成功シーン

以上のコツを知った上で会話すると、こうなります。

田中： Before the break, you said, "our team goal." You also said, "our vision."
(休憩前に、あなたはチームゴールともビジョンともおっしゃいました)

Could you clarify these two words? I'm a little confused.
(この2つの言葉について、明確にしていただけませんでしょうか？ 私、少し混乱していまして)

Debbie： In this case, what I meant by "goal" was our team objectives; that is, where to go and what to achieve.
(この場合、私が言った「ゴール」とは、どこへ行くか、何を達成するかというチームの目標＝objectivesを指します)

On the other hand, "our vision" has a broader meaning than objectives.
(一方、「我々のビジョン」はobjectivesよりももっと幅広い意味を持ちます)

WORDS
✓ broader より広い(「広い」を意味するbroadの比較級)

Chapter 2
失敗シーンから学ぶ「英語でビジネス」のコツ

Scene ⑦
説明責任を果たせ!
当事者意識をアピールできるフレーズ

Case study：失敗シーン

〈グローバルチームの会議の終盤、次回までの行動計画作りに入った。各自の今後の重点行動（action point）の確認が始まったのだが、小山自動車部品の田中さんは自社が組織改編中のため、はっきりと返答できずに困ってしまう〉

Debbie： At this point, I would like to confirm action points that you have to do by the next meeting. Number one, Oyama Automotive's issue: reviewing the current statistical quality control. Tanaka-san?
（では、ここで次回の会議までに各自にお願いしたい重点行動の確認をしたいと思います。一番目は、小山自動車部品の課題。現在の統計的品質管理のレビューをお願いします。田中さん？）

田中： We can't do anything until they decide the new organizational structure.
（新しい組織体制ができるまで、我々は何もできないのです）

Debbie： Is there anything you can do?
（あなたにできることはありませんか？）

田中： There are two departments which may deal with

WORDS
- ✓ **statistical** 統計的な、統計学上の
- ✓ **organizational** 組織の、団体の

　　　　　this issue: QA or Procurement.
　　　　　（この課題に取り組むかもしれない部門は2つあって、ＱＡ＝品質管理部門か調達部門です）
Debbie： Then, what?（それで何でしょう？）
田中： But this is my guess.（でも、これは私の推測です）
Debbie： Can we rely on your guess?
　　　　　（あなたの推測は信頼していいの？）
田中： Perhaps.（たぶん……）

❓ どこで失敗してしまったのか？

自分では決められない要素を明確に整理できないために、説明責任を果たせなかった

　田中さんは「But this is my guess」「Perhaps」といった曖昧で無責任な言葉を繰り返しています。組織改編という不確定要素がある中で、いつまでに重点行動を実行できるのか田中さんの一存では決められなかったためです。

　ビジネスの場では、自分の責任範囲以外のことについて第三者からコメントを求められることがよくあります。田中さんの発言は、日本企業で日本人同士ならばそれほど問題にならないかもしれません。自社の組織的な事情を伝え、「そこを察していただければ」という表現は常套句です。しかしグローバルビジネスの現場では、これでは通用しません。

　組織改編が進んでいること自体は理解されますが、田中さんの言い方では、Debbieさんや周囲の人たちに説明責任を果たしていない人という印象を与え、当事者意識がないと思われて

WORDS		
✓	QA	品質保証（**Quality Assurance**の略）
✓	procurement	調達、獲得

しまいます。他社の人でも同じプロジェクトメンバーですから、自分の責任範囲の中で何が確定要素で何が不確定要素なのかを整理して、明確な説明責任を果たし、当事者意識を発揮することが求められます。

こう発言すればよかった!

不確実性が高い環境の中でも、どのような展開があるのかを落ち着いて整理することが大事です。そして、以下のようなフレーズから始めることができます。

I can think of two scenarios.
（2通りのシナリオが考えられます）

もちろん2通りだけでなく、3通りでもけっこうです。さらにそれぞれの展開と考えられる自分の役割を話せば、当事者意識を明確に伝えられます。

ビジネスの場で自分の主体性と当事者意識を示すために使えるフレーズには、以下のようなものもあります。

I'm in charge of 〜　　（〜を担当している）
I'm committed to 〜　　（〜を約束している、〜に力を注いでいる、〜に取り組んでいる）
I'm responsible for 〜　（〜について責任がある）
I'm accountable for 〜　（〜について説明責任がある）
I'm engaged with 〜　　（〜に取り組んでいる）

もう一度本書の目的を確認しておくと、「英語を話す」ことではなく、「英語で仕事をする」「ビジネスを前に進める」ことです。そのためには、「当事者意識を持つこと」「コミットメント（約束）すること」「それをロジカルに伝えること」は必須です。

Case study：成功シーン

　以上のコツを知った上で会話すると、こうなります。

Debbie： Then, what?
（それで何でしょう？）

田中： I can think of two scenarios:
A. Either QA or Procurement will take it.
B. Some other department will.
（AとBの2つのシナリオが考えられます。AはQA部門か調達部門が受け皿になります。Bは他の部門が担当します）

Debbie： So?
（それで？）

田中： In the case of A, I will contact key people of the two departments so that we can accelerate the process.
（Aの場合、2つの部門の主要スタッフたちと連絡を取りますので、我々も進行を早めることができます）
In the case of B, I will come back to you to update the current status.
（Bになる場合、現在の状況を調べて報告します）

WORDS　✓ accelerate　加速する、早める

Debbie: Good. If there is anything we can do for you, let us know.
(了解です。もし、こちらで何かできることがありましたら、お知らせください)

Scene ⑧
Which country are you from? は失礼
多文化環境でのエチケット

Case study：失敗シーン

〈小山自動車部品の加藤さんがBillさん、Debbieさんと会食している。日本料理を囲んで、くつろいだ雰囲気で話している。が、加藤さんが、Billさんが箸をうまく使っているのを見てこう言った〉

加藤： Oh! You can use chopsticks very well!
（おお、箸をうまく使えるんですね！）

Bill： It's easy. There are many Japanese restaurants in New York.
〈少しムッとした表情で〉（簡単ですよ。ニューヨークには多くの日本料理店がありますから）

加藤： Debbie-san, do you often eat Japanese food?
（Debbieさんは日本食をよく食べますか?）

Debbie： Not as often as Bill.（Billさんほどではないですね）

加藤： So, Debbie-san, you're not from America. Which country are you from?
（Debbieさん、アメリカ出身ではありませんよね。どちらの国の出身ですか？）

Debbie： I'm from Australia. Do you know where that is?
〈やはり少しムッとして〉（オーストラリアです。どこにあるか知ってますか？）

❓ どこで失敗してしまったのか？

盛り上げようとして、ステレオタイプ的な発言を連発してしまった

　BillさんとDebbieさんをディナーに招待した加藤さんは、会話を盛り上げようとしてBillさんの箸の使い方を褒めました。しかし日頃から日本食に親しみ、しかも日本食レストランが多いニューヨークから来ているBillさんにとっては、当たり前のことです。箸を上手に使う外国人が珍しかったのは、ずいぶん昔のことです。

　実は、これは外国人と食事する際に多くの日本人が使いがちなフレーズです。逆の立場で考えてみると、相手に失礼であることがわかると思います。日本人が欧米に行った時に「おお、ナイフとフォークをうまく使えるんですね」と言われるようなものです。

　加藤さんは本当に感心して言ったのかもしれませんが、「You can use 〜」という表現もふさわしくありません。こういうフレーズは子供に向けてよく使うので、受け手によっては「ばかにしているのか？」と思われてしまいます。

　加えて、加藤さんはDebbieさんに「アメリカ出身ではないですよね」と決め付けたような言い方をした後、「Which country are you from?」と質問しました。Debbieさんにしてみれば、これまで長くプロジェクトを一緒にやってきたのに、そんなことも知らないのかと不愉快になりかねない言い方です。その結果、「オーストラリアがどこにあるか知ってますか？」と皮肉で応酬されてしまいました。

✏️ こう発言すればよかった!

　英語にある程度慣れてくると、発音やアクセントの特徴でアメリカ出身なのか、あるいはイギリス出身なのかなど見当が付く場合があるかもしれません。しかし、決め付けは禁物です。

　そもそも、ビジネスパートナーなら相手がどこの出身でどんな文化を持っているかを事前に調べておくべきです。会う人の背景を知っておくことは、ビジネスマナーの基本です。

　それでもどこの出身かわからない時は、「Which country 〜」ではなく、以下のフレーズを使うといいでしょう。

Where are you from?　（どちらのご出身ですか？）
Where is your home town?　（出身の町はどちらですか？）

　これならば相手はまず出身地を述べますが、その町の名前がわからなければ、「わからない」という表情をすればいいのです。そうすると、相手は Do you know XXXX? という具合に、XXXXという大きな都市名や州の名前、あるいはよく知られた名所を言ってくれるでしょう。そこで、行ったことがある・ないなどとこちらからも話をして、会話は発展していきます。

　重要なことは、こちらから決め付けて聞くのではなく、相手に語ってもらうことです。

☝️ プラスワンポイント

ステレオタイプで人を見ない!

　加藤さんは「外国人なのに箸を使える」と驚いていましたが、この背景には「箸を使えるのは日本人だけ」といった誤ったス

テレオタイプがあります。世の中に流布したステレオタイプにはある程度の納得感もありますが、それにとらわれていると、自分のビジネスパートナーへの見方そのものが歪んでしまいます。また、相手も不快になります。「この国の人はこうだ」といったステレオタイプは捨て、同じ一人の人間として付き合う意識を持ちましょう。

Case study：成功シーン

以上のコツを知った上で会話すると、こうなります。

加藤： Debbie-san, where is your home town?
（Debbieさん、ご出身の町はどちらですか？）

Debbie： Newcastle.（ニューキャッスルです）

加藤： Newcastle? Where is that?
（ニューキャッスル？ それはどこですか？）

Debbie： Near Sydney.（シドニーの近くです）

加藤： I see. How often do you go back to Australia?
（そうですか。オーストラリアにはどのくらいの頻度で帰国しますか？）

Debbie： Well, not as often as I wish to do. Maybe twice a year.
（それほど多くは行けませんね。年に2回ぐらいです）

Scene ⑨
第一印象がとても大切
失敗しない「最初の挨拶」

Case study：失敗シーン

〈加藤さんは、海外現地法人ワールドモーターズ・シンガポールに出向することになった。その加藤さんが、現地スタッフを前に着任の挨拶をする。自己紹介の後、こう続けた〉

加藤： I'm very nervous now because this is my first overseas assignment.
（これが初めての海外赴任なので、今とても緊張しています）

Thus, I would like to apologize in advance if I may be troubling many of you in this operation.
（それで、みなさまにご迷惑をおかけすることもあるかもしれません。あらかじめお詫びしたいと思います）

As you know, in our industry, we are facing more difficulties than before.
（ご存知の通り、この事業では、我々は以前にも増して困難に直面しています）

We Japanese have a saying, *Kigyo wa hito nari*, which means "The most valuable resource for corporations is people."
（我々日本人は「企業は人なり」と言います。企業でもっとも価値がある資産は人だという意味です）

WORDS
- ✓ assignment　任命、職、割り当てられた仕事
- ✓ resource　　資産、資源、物資

Therefore, I would appreciate it <u>if you could work harder</u>.
（ですからみなさんに、よりがんばっていただけたら幸いです）

❓ どこで失敗してしまったのか？

日本人の発想を直訳したため、印象が悪くなってしまった

　日本人がやりがちな失敗があちこちにあります。下線部分を順番に見ていきましょう。まず「I'm very nervous」。海外でのスピーチに慣れていない日本人は「緊張しています」と率直に言おうとして、このフレーズを使ってしまう傾向があります。しかし、いきなり「nervous」というネガティブな言葉を使うのはビジネスの場にはふさわしくありません。頼りない印象を与えてしまいます。

　さらに加藤さんは、「I would like to apologize」と謝っています。これも「至らぬ点が多く申し訳ありません」という日本語から発想して訳したものです。これでは初対面の現地スタッフに「このマネジャーについていって大丈夫なのか？」と不安を与えてしまいます。続いて「difficulties」を使いましたが、これは深刻な困難や苦境を意味してしまい、やはり現地スタッフを不安にさせてしまいます。

「we Japanese」も日本人がよく使ってしまうフレーズですが、聞き手は「日本人は特別なのか」と距離感を感じてしまいます。

　最後に、ハッパをかけようと「if you could work harder」と言ったのも問題です。これは「もっと働け」と言われたと相手は感じます。

いずれも日本人の発想を直訳したために、加藤さんは着任早々、悪い印象を与えてしまいました。

こう発言すればよかった!

　初めての場であることを伝える時は、以下のようなポジティブなニュアンスのあるフレーズを使うべきでしょう。

I'm very excited to be here.
（この場に来られてわくわくしています）
I was looking forward to coming here.
（こちらに来ることを楽しみにしていました）

　また、ビジネスでは「問題」「課題」という言葉がよく出てくると思います。これを直訳し、「problem」「difficulty」などの単語を使う人が多いのですが、どちらもネガティブなニュアンスを持っています。文法的には間違いではなくても、ビジネスの場でこのような単語を使うと、マイナスのイメージが増幅してしまいます。

　挨拶などで「今後の課題」について話す場合は、前向きな表現であるchallengeを使うとよいでしょう（78ページ参照）。「挑戦しがいのある課題」という意味となり、力強い印象を聞き手に与えることができます。

　このように、日本でするような挨拶をそのまま翻訳すると、うまくいきません。いくら上司として赴任したとしても「がんばれ」と上から目線で言うのではなく、「Let's work together ～（～を一緒にがんばろう）」というように、「チーム」であることを意識した言い方にすべきです。

Chapter 2
失敗シーンから学ぶ「英語でビジネス」のコツ

Case study：成功シーン

以上のコツを知った上でスピーチすると、こうなります。

加藤： We are facing more challenges than in the past.
（我々は以前よりも多くの課題に直面しています）
In Japan, we have a saying, *Kigyo wa hito nari*, which means "The most valuable resource for corporations is people."
（日本には「企業は人なり」という言葉があります。企業でもっとも価値がある資産は人だという意味です）
I deeply appreciate your continued hard work. This is a great team. Let's work together to meet our challenges.
（みなさんのこれまでの絶え間ない尽力に深く感謝します。みなさんは、すばらしいチームです。これから多くの課題に一緒に取り組みましょう）
Thank you for listening. Do you have any questions?
（ご清聴ありがとうございます。ご質問はありますか？）

👆 プラスワンポイント

アイコンタクトを大事にしよう

英語でスピーチする自信がない日本人は、メモを作り、それを見つめながら原稿を読むだけのケースが多いのが実情です。大事なのは「アイコンタクト」。メモを作ってはいけないとは言いませんが、常に聞き手を見て反応を確かめながら話すことはとても重要です。そうすることによって相手の理解度もわかり、よりスムーズなコミュニケーションを実現できます。

Scene ⑩
感情の衝突になる前に知っておきたい「見解に相違がある時」に使う言葉

Case study：失敗シーン

〈ワールドモーターズ・シンガポールに出向した加藤さんが、部下で現地スタッフのWooさんを部屋に呼んで人事考課面談をしている〉

加藤： Tell me your assessment.
（あなた自身の評価を教えてください）

Woo： I believe this is "Above Expectations."
I think I did a good job.
（私は「期待を上回る」だと信じています。私自身、よくやったと思います）

加藤： Your rating is too far from mine. I marked "Below Expectations."
（あなたの評価は私の評価とかけ離れています。私は「期待を下回る」にマークしました）

Woo： What? That's ridiculous. I put all of myself into this project. How can you say that?
（え？ それはおかしいです。私はこのプロジェクトに全力を尽くしてきました。なんでそんなことを言うんですか？）

加藤： You haven't given me the report, yet.

WORDS
- ✓ **assessment**　評価、査定
- ✓ **expectation**　期待、予想
- ✓ **ridiculous**　おかしい、ばかげた

（あなたはまだレポートを私に出していないんですよ）
Woo：Yes, I have.（出しました）
加藤：Please don't be emotional.（そんな感情的にならないでください）
Woo：I'm not emotional. I'm just telling the truth.
（感情的ではありません。本当のことを言っているだけです）

❓ どこで失敗してしまったのか？

相手の説明を聞こうとせず、決め付けてしまった

　加藤さんはWooさんの自己評価に対し、相手の成果や説明を聞こうともしないで、「私の評価とかけ離れている」と言ってしまいました。さらにWooさんが「このプロジェクトに全力を尽くしてきたのに」と話したのに対し、「君はまだレポートを私に出していない」と決め付けたように言い放ってしまいました。Wooさんは「出してあります」と反論しましたが、それについても加藤さんは事実を確認しようとしませんでした。

　人事考課面談の場以外でも、客観的な事実に基づかないで物事を決め付け、一方的に話を進めると大失敗につながります。意見が食い違う時は、まず「相手に話をさせる」のが基本です。自分の意見だけを押し付ければ人間関係はうまくいきません。

❗ こう発言すればよかった!

　レポートについて「あなたは出していない」という言い方は決め付けになってしまいますが、「私は受け取っていない」というのは「事実」です。それを踏まえて以下のようなフレーズ

WORDS　✓ **emotional**　感情的な、感動的な

を使うと、相手の気分を害することを避けられます。

What's going on with your report?
(レポートはどうなっていますか？)
How is the progress of your report?
(レポートの進捗はどうですか？)
I haven't seen the report, yet.
(私はまだレポートを見ていないのですが)

　レポートだけではなく、仕事の進捗状況を確認する時は「まだやっていないだろう」と決め付けるのではなく、「どこまで進んだか」と聞けば、トラブルにならずスムーズに会話が進みます。
　日本人は「外国人にはハッキリ言ったほうがいい」と思いがちですが、曖昧にしないことと決め付けることは違います。

☝ プラスワンポイント

見解に違いがある時に便利な「There is a gap ～」

　自分と相手とで事実の受け止め方が異なる時は、まず次のような言い方をするとよいでしょう。

There is a gap in our views on this issue.

(この件については、私たちの間に見解の相違がありますね)
　角を立てずに、相手に対して指摘することができる便利な言い方です。ぜひ覚えておいてください。

Chapter 2
失敗シーンから学ぶ「英語でビジネス」のコツ

> **Case study ：成功シーン**

以上のコツを知った上で会話すると、こうなります。

加藤： I haven't seen the report, yet.
（私はレポートをまだ見ていません）

Woo： You haven't? I saved the report in the task file. Did you check it?
（まだ見ていませんか？ パソコンのタスク・ファイルに保存してありますが。チェックしましたか？）

加藤： Oh, in the task file. I'm sorry. I will check later. I'm glad to know that.
（タスク・ファイルでしたか。すみません、後でチェックします。教えてもらって助かりました）

Woo： Me too. If you see the report, you will know why I put "Above Expectations."
（私もです。レポートを読んでいただければ、私がなぜ「期待を上回る」にマークをしたかおわかりになるでしょう）

Scene ⑪
Problemを安易に使うのは「問題」！
相手を落ち込ませない「注意」「助言」方法

Case study：失敗シーン

〈ワールドモーターズ・シンガポールに赴任した加藤さんが、少し時間にルーズな現地スタッフのJessieさんを呼んで面談した。「今日はビシッと言わなきゃ」と意気込んでいるようだ〉

加藤： I'd like to tell you your problem.
（あなたの問題について話したいと思います）

Jessie： My problem? What is that?（問題？何でしょう？）

加藤： Don't you think you have trouble with time management?
（あなたの時間管理には問題があると思いませんか？）

Jessie： Oh, you mean that I was late for the meeting last week.
（先週の会議に遅れたことを言ってるんですね）

加藤： Yes. You are always late. You must be careful.
（そう。あなたはいつも遅れています。気をつけてください）

Jessie： I'm very sorry.（大変申し訳ありませんでした）

加藤： There is a good time management program. You should take this course.
（いい時間管理のコースがあります。あなたはそれを受けてください）

Jessie： Yes, sir.

Chapter 2 失敗シーンから学ぶ「英語でビジネス」のコツ

❓ どこで失敗してしまったのか?

一方的な叱責と受け止められてしまった

日本での上司と部下の関係で考えれば問題ないように見えるやり取りですが、英語のニュアンスを考えないと、怒らせるか落ち込ませる結果になってしまいます。

Jessieさんは最後に「Yes, sir」と返事をしました。軍隊などで使われる敬語ですが、この場合は皮肉をこめた返事です。もちろん遅刻はだめですが、Jessieさんは、いい仕事をしている点は評価されず、頭ごなしに怒られたと受け止めてしまったのです。

ポイントはまず「your problem」「you have trouble」というネガティブなニュアンスを持つ言葉を使ってしまったことです。言われたほうは気分を害してしまいます。

加えて加藤さんは「Don't you think ~」と言いました。これは日本の英語教育でよく教えられるフレーズですが、上下関係をベースに相手をたしなめる言い方で、聞き手が気分を害するフレーズの1つです。「You must be careful」も一方的に叱責しているような印象を与えます。

❗ こう発言すればよかった!

相手の問題点を指摘し、アドバイスする時は、以下のようなフレーズを使うことができます。

I'm concerned about ~
(~が気がかりです、~を心配しています)
I'm worried ~（~を心配しています）

自分が心配している点を伝えましょう。上司は怒りたいために叱責するのではなく、部下に行動を変えてほしいから指摘をするのです。懸念事項を伝え、それについて相手がどう思っているのか、自覚はどのぐらいあるのかを確認することを心がけてください。そして改善するにはどうすればよいのかを一緒に考えていくことが重要です。

「英語では物事をはっきりと言わなければいけない」と思い込んでいると、言いすぎてしまうことがあります。言葉づかいだけではなく、声のトーンやボディランゲージに配慮することが必要です。
　改善すべき行動を指摘した後に、「あなたも私に対して何かありますか」と聞き返すと、チームとしての連帯感を高める効果が期待できます。その際は以下のようなフレーズが使えます。

If you have any requests, ～
（何かリクエストがあれば～）

If you have something you would like me to help you with, ～
（私に何か助けてほしいことがあれば～）

Chapter 2 失敗シーンから学ぶ「英語でビジネス」のコツ

Case study：成功シーン

以上のコツを知った上で会話すると、こうなります。

加藤： I'd like to discuss with you an area for improvement.
（あなたがもっと改善できるように、話し合いたいと思います）

Jessie： Okay. Could you tell me what that is?
（何でしょうか？）

加藤： I'm concerned about your time management.
（あなたの時間管理について心配しているんです）

Jessie： Oh, you mean that I was late for the meeting last week.
（先週の会議に遅れたことですね）

加藤： Actually, that was not the only time. I know no one is perfect. So we should be more careful.
（たしかにそれもありますが、その時だけじゃないですよね。誰も完璧ではありません。だから、私たちはもっと気をつけないとね）

Jessie： I'm very sorry. Do you have any suggestions?
（大変申し訳ありません。何か助言はありませんか？）

加藤： I'd like to recommend a good time management program for you.
（いい時間管理コースを勧めたいと思っています）

Jessie： Thank you for your concern.
（お気遣いありがとうございます）

WORDS
- ✔ improvement　改善
- ✔ suggestion　提案、助言
- ✔ recommend　勧める

Scene ⑫
会議での沈滞ムードをどう変えるか
ファシリテーターは「前向きな流れ」を作る

Case study：失敗シーン

〈ワールドモーターズ・シンガポールに赴任した加藤さんが、コンサルタントのCharles Lambsonさんから、買収先の選定について話し合う会議のファシリテーターを任された〉

Charles： I will be assisting Mr. Kato to facilitate this team.
（私は加藤さんがこのチームをファシリテートするのをお手伝いします）

〈その後Charlesさんから買収先候補のメリットとデメリットについて対比しながら説明があった。それに対しJessieさんは怪訝そうな顔をしてこう言った〉

Jessie： Making this kind of choice is a real dilemma.
（この種の選択には、悩ましいジレンマがありますよね）

加藤： Jessie, I understand, but it can't be helped.
（それはよくわかる。しかし、仕方ないだろう）

Charles： Hey, don't be pessimistic!
（ちょっと、そんな悲観的にならないでください！）

加藤： I'm sorry.（すみません）

❓ どこで失敗してしまったのか？

「仕方がない」ではファシリテーターは務まらない

　Jessieさんは買収先の選択について、ジレンマを感じているようでした。その指摘に対し、ファシリテーターを任された加藤さんは、「わかるよ」と理解を示して共感したところまではいいのですが、その後に「but it can't be helped」と言ってしまいました。
「仕方がない」というフレーズは日本語では気軽に使いますが、英語の環境では投げやりな印象を与えてしまうため、あまり使いません。それでコンサルタントのCharlesさんから「悲観的にならないで」とたしなめられてしまいました。

　そもそもファシリテーターは、内容に関して必ずしもエキスパートである必要はありませんし、出席者の意見に一つひとつ賛成したり、反論したりする立場でもありません。ファシリテーターは単なる会議の進行役ではなく、参加者に積極的に働きかけながら意見を引き出し、議論の調整、軌道修正も行ないます。加藤さんはJessieさんの発言から前向きな議論を発展させることに徹すればよかったのです。

❗ こう発言すればよかった！

　会議を進める上で、議論が暗礁に乗りあげたり難しい問題に直面したりすることは、決して珍しくありません。そんな時こそ、ファシリテーターは参加者に本来の使命や役割を思い出させて、前向きな議論を展開していく必要があります。そんな時には以下のようなフレーズが使えます。

That's why we are here to think about ～
(だからこそ～を考えるために、みなさんに集まっていただいたのです)

👆 プラスワンポイント

ファシリテーターはポジティブな言葉で、前向きな流れを作る

　ファシリテーターは、困難な問題が出てきた時に迷ったり、フリーズしたりしてはいけません。

　ビジネスでは難しい選択を迫られる機会が多いものです。特に、「どちらも一理ある」というような課題に直面することはよくあります。そんな時、一歩踏み込んでさらに深い議論の展開に導く役割が求められます。メリットとデメリットなど両面的な思考を駆使し、ポジティブな言葉を使って出席者を巻き込み、前向きな流れを作るのがグローバルビジネスで必要なスキルです。

　ファシリテーターには基本的には中立のスタンスが求められますが、議論を深めるために、あえて反対の意見を出してみたり参加者に質問を投げかけたりするなど、参加者の思考の枠を揺さぶることも必要です。また、同じ人ばかり発言していないか、発言していない人はいないかなど、目配り・気配りも非常に大事です。会議中も参加者をよく観察しましょう。

Chapter 2 失敗シーンから学ぶ「英語でビジネス」のコツ

Case study：成功シーン

以上のコツを知った上で会話すると、こうなります。少し難しい言い回しですが、こんな言い方をすれば会議は前向きになるという好例ですので、ぜひ参考にしてください。

Jessie： Making this kind of choice is a real dilemma.
（この種の選択には、悩ましいジレンマがありますよね）

加藤： Jessie, success in our business has always been about tough choices.
（Jessieさん、我々のビジネスの成功には難しい選択がつきものです）

But we have to face the dilemma and think strategically.
（二者択一のジレンマに向き合い、戦略的にものを考えなければいけません）

Charles： Exactly. （その通り）
If we remember what our strategic intent is, we can identify the criteria for choosing our partner.
（我々の戦略的な意図は何だったのかに立ち戻れば、我々のパートナーを選ぶ基準を見極められると思います）

WORDS
- ✓ strategically　戦略的に
- ✓ criteria　基準、標準（criterionの複数形）

Scene ⑬
電話会議を仕切れるか？
困ったらアドバイスを求める

Case study：失敗シーン

〈シンガポールに赴任した加藤さんが、英語で電話会議に臨むことに。初めての電話会議前に緊張する加藤さんは、部屋に入ってきたコンサルタントのCharlesさんに不安を打ち明けた〉

Charles： Kato-san, are you all right?
（加藤さん、大丈夫？）

〈加藤さんは電話会議で使う書類を漠然と見つめながら〉

加藤： I'm afraid that I will make mistakes during the teleconference.
（電話会議で失敗しないかと心配です）
What should I do?（どうしたらいいんだろう？）

Charles： Don't worry. You will do fine.
（心配しないで。うまくやれますよ）

加藤： ... okay, let's start.（OK、じゃあ始めましょう）
Hello, this is Kato. Mr. Collins ?
（もしもし、加藤です。Bill Collinsさんですか？）

Bill： This is Bill. Kato-san, how are you doing?
（はい、Billです。加藤さん、お元気ですか？）

〈ここでBillさん側にもう１人の参加者・Lindaが入る〉

Linda： Sorry, I'm late.（遅くなってすみません）

加藤： Who are you?（誰ですか？）

Linda： Umm, I'm sorry. This is Linda Black. It's been a while. How are you?

（あ、失礼。Linda Blackです。お久しぶりです。お元気ですか？）

〈加藤さんは電話の向こうの状況がわからず、次第に混乱していく〉

❓ どこで失敗してしまったのか？
漠然と不安を述べたが、具体的なアドバイスを求めなかった

初めての電話会議に臨む加藤さんを見て、コンサルタントのCharlesさんは声をかけました。ところが、加藤さんは書類から目を離さぬまま、「I'm afraid that ～」と自分の不安な気持ちを漠然と述べただけでした。「What should I do?」と言っていますが、これも漠然とつぶやく程度だったので、Charlesさんは「Don't worry. You will do fine」と、元気づけただけでした。つまりCharlesさんは、具体的なアドバイスを自分に求めているとは思わなかったわけです。結局、加藤さんは不安を払拭できないまま、電話会議に突入してしまいました。

加藤さんはこの場合、具体的にどういう点が心配なのかを話して、「私はアドバイスを求めている」と率直に言ってもよかったのです。そうすれば、Charlesさんも助言してくれたはずです。また、英語で会話をする時は、相手としっかりアイコンタクトをとることが重要になることも覚えておきましょう。

⚠ こう発言すればよかった!

　同僚や上司、あるいはコンサルタントも含めて仕事の仲間にアドバイスを求める時は、具体的に相談内容を示した上で以下のようなフレーズを使うといいでしょう。

May I ask your advice?
（アドバイスをお願いしてもよろしいでしょうか？）

👆 プラスワンポイント

「電話会議」で使えるフレーズ

　グローバルビジネスの現場では顔が見えない電話会議は日常茶飯事です。事前にメールで議題や参加者の情報を共有していたとしても、その場で確認しながら行なうのがコツです。

　まず議題の確認から入ります。

Let's begin by reviewing the agenda for today's meeting.
（今日の会議の議題のレビューから始めましょう）

　その次に双方の参加者の確認をします。

Why don't we have some quick introductions so everyone knows who is participating.
（誰が参加しているのか、みなさんわかるように簡単に紹介をしましょうか）

　なお、遅れてきたLindaさんに加藤さんはWho are you? と言ってしまいましたが、これでは詰問しているかのように聞こえてしまいます。そんな時は、

Who's speaking?（どなたが話しているのですか？）

と言った上で続けて、

Could you identify yourself?（名乗ってもらえますか？）

WORDS　✓ participate　参加する

と頼めばいいのです。

参加者の確認は重要なので、他にも以下のようなフレーズを活用するとよいでしょう。

Excuse me, I'm a little confused.
(すみません、ちょっと混乱しているのですが)
I'd like to identify the current participants one more time.
(もう一度、現時点の参加者を確認したいのですが)

会議の最後は、内容の要約です。

Let's summarize what we covered today.
(今日話し合ったことを要約しましょう)

Case study:成功シーン

加藤さんが最初にCharlesさんにアドバイスを求めていれば、こんなやり取りになります。

Charles: Kato-san, are you all right?
加藤: I'd like to facilitate this teleconference effectively.
(この電話会議をうまく進行させたいと思っています)
May I ask your advice?
(アドバイスをお聞きしてもよろしいでしょうか?)
Charles: Sure. First of all, practice active listening. What I mean is do not hesitate to ask for clarification.
(もちろん。まず、積極的に相手の話を聞くようにしてください。私がここで何を言いたいかというと、遠慮せずに確認すればよいということです)

WORDS
- ✓ **participant** 参加者、出場者、関係者
- ✓ **effectively** 効果的に、有効に
- ✓ **hesitate** ためらう、遠慮する
- ✓ **clarification** 説明、解明

Second, make sure to identify whoever joins the teleconference.
(それから、誰が電話会議に参加しているのかを必ず確認してください)

Chapter 2
失敗シーンから学ぶ「英語でビジネス」のコツ

Scene ⑭
対立を恐れない!
「反論」は論拠を持って明確に

Case study：失敗シーン

〈シンガポールから帰国した小山自動車部品の加藤さん。今度は顧客である日本モーターズのBillさんから、コスト削減のため納入しているワイパーの仕様変更を依頼された。つまり現在の耐用性を求めなければコスト低減の余地があり、世界での標準化も可能であるという趣旨だ。しかし加藤さんは、耐用性が下がればユーザーからクレームが来るのではないかと心配している〉

加藤： You had better not change a current standard.
（今の基準を変えてはいけません）

Bill： Why not? If we standardize the product, everyone will benefit.
（なぜですか？ もし、我々がこの製品を標準化できれば、誰もが恩恵を得られるのですよ）

加藤： But Japan is different from other countries. That's why we can't change specifications.
（しかし日本は他の国と違います。だから我々は仕様を変更できません）

Bill： You say Japan is "different," but every country is unique. What's your point?
（日本が違うと言いますが、どの国も独特です。言いた

WORDS
- ✓ **standardize** 標準化する、規格化する
- ✓ **specification** 仕様、設計、明細

いことは何ですか？）
加藤： The Japanese customers are very demanding.
（日本人のお客さんは、とても要求が高いんです）
Bill： We know that. But we should work it out, right?
（それは我々も知っています。それでも我々はなんとかしなくてはならない。そうでしょう？）

❓ どこで失敗してしまったのか？
明確な論拠を持たない反論では説得できない

　まず、加藤さんは大口顧客である取引先からの依頼に対し、「You had better not change ～」と言ってしまいました。「had better not ～」は、受験英語で頻出表現ですが、警告を与えるようなニュアンスがあります。ビジネスの場では「押し付けがましい」とか脅迫めいて受け取られてしまうことがある表現だったのです。

　相手の依頼を承諾できない時は、もちろんノーと意思表示をしてもいいのですが、その際は必ず論拠を示さなければいけません。ところが、加藤さんは「Japan is different」という論拠にならない理由で押し切ろうとしました。日本人が使いがちですが、「日本は違う」と言うだけでは論拠になっていません。案の定、Billさんからの切り返しに、加藤さんは論拠を明確に伝えることができませんでした。

　結局、加藤さんの懸念を明確に伝えることなく、Billさんのペースに流されてしまいました。

Chapter 2 失敗シーンから学ぶ「英語でビジネス」のコツ

⚠ こう発言すればよかった!

相手の主張に同意できない時、最初から「No!」と言うだけでは、ミーティングをしている意味がなくなってしまいます。いったん相手の話を受け止めた上で、下記のような言葉を用いて自分の懸念事項を相手に伝えるべきでしょう。

> I can't recommend ～
> (～ということはおすすめできません)
> I have a concern ～
> (～という懸念を持っています、心配があります)

その後で、明確に論拠を提示することが鍵です。

☝ プラスワンポイント

ロジカルシンキングは英語で鍛える

英語で会議や交渉する時に、外国人に論理的に攻め込まれる場面はよくあります。また、こちらが「We can't change ～」のように「できない」と意思表示すると、相手からすかさず「Why not?」と「なぜ、できないのですか？＝やってみればいいじゃないですか？」と、揺さぶられることがよくあります。

英語だけでさえ四苦八苦している状況で思考力も揺さぶられると、日本人はたじろいでしまいがちです。

Why? に対して、Becauseを普段から自分で考えてみる訓練をすれば、ロジカルシンキングは誰にでも身に付けられます。そして、「たじろがないで考え抜く」という心構えがとても重要でしょう。

Case study：成功シーン

以上のコツを知った上で会話すると、こうなります。

Bill： We know that. But we should work it out, right?
（それは我々も知っています。それでも我々はなんとかしなくてはならない。そうでしょう？）

加藤： Well, it's okay to discuss the possibility of changing the specifications. But <u>I have a concern</u> I should share with you.
（そうですね、仕様変更の可能性について話し合うことはOKです。しかし、お伝えすべき懸念事項があります）

Bill： Okay, go ahead.（わかりました、話を続けてください）

加藤： As you may know, the average Japanese driver uses wipers more often than the American driver.
（ご存じの通り、平均的な日本のドライバーはアメリカ人のドライバーよりも、ワイパーをより多く使います）
Therefore, Japanese wipers require more durability than in America. So if we change it, you should know its consequence.
（したがって、日本のワイパーはアメリカのよりも優れた耐用性が求められます。ですので、もしワイパーの仕様を変更するのなら、変えた結果どうなるかを知っておくべきです）

WORDS		
✓	durability	耐久性、耐用性
✓	consequence	結果、結論

Chapter 2
失敗シーンから学ぶ「英語でビジネス」のコツ

Scene ⑮
文化の解説役も務めよう! 日本的な遠慮と察しのコミュニケーションは機能しない

Case study：失敗シーン

〈Billさんから他の部品メーカー紹介の依頼を受けた小山自動車部品の加藤さんが、関連会社の小川さんをBillさんに紹介した。Billさんはいつからプロジェクトに参画できるか、小川さんに聞いた〉

Bill： So if we invite your team to join our design process, how soon can we see it happen?
（そこで、もし御社が我々の設計プロセスに参加していただくとしたら、いつ頃から始められますか？）

小川： We need more time to examine the situation.
（検討にもう少し時間が必要です）

Bill： Okay, but just give me some idea. How long does it take?
（わかりました、しかし少し見込みを教えてもらえませんか。どれくらいかかりますか？）

〈小川さんは腕を組み、黙ったまま考え込んでしまった〉

Bill： Is there a problem?（何か問題があるのですか？）
加藤： No problem!（問題ありません!）
Bill： Then, what?（ならば、どうしたのですか？）
加藤： He is thinking now. Please don't interrupt him.
（彼は今、考えているんです。邪魔しないであげてください）

WORDS ✓ interrupt 邪魔する、中断する

❓ どこで失敗してしまったのか？

コミュニケーションスタイルの違いを解説できなかった

　まだ英語でのミーティングに慣れていない小川さんは、Billさんからの質問に答えるのにも慎重になって、腕を組んで沈黙したまま考え込んでしまいました。Billさんは、自分が何かまずいことを言ってしまったのか心配になり、加藤さんに尋ねたのです。しかし、この場面で仲介役である加藤さんは、Billさんにコミュニケーションスタイルの違いについて適切な説明ができませんでした。

　加えて「Please don't interrupt him」と言いました。これは、pleaseを付けていますが、「邪魔しないで」という命令口調のニュアンスで、失礼な言い方に聞こえます。

　日本語は、「一を聞いたら十を知る」というように、表現された言葉そのものよりも、その背景・関係・雰囲気・脈絡を重視する「高コンテクストコミュニケーション」です。一方、英語圏では親は子供に「Tell it like it is」（ありのままに語れ）と教えます。つまり、コンテクストよりもコンテンツそのものを重視する「高コンテンツコミュニケーション」です。

　この違いを認識しておかなければ、単に英語だけうまくなっても多文化のグローバルビジネスでのコミュニケーションはうまくとれません。コンテクストとコンテンツの両方に配慮し、必要に応じて自分自身のコミュニケーションスタイルを変えることができれば、文化の解説役としての役割を果たすことができます。

❗ こう発言すればよかった!

どうも小川さんは英語が加藤さん以上に苦手なようですから、紹介者である加藤さんは、なぜ小川さんが腕を組んで考え込んでいるのかをBillさんに説明すればよかったのです。

> I think ～ may need a little time to think about this.
> (～さんはこれについて考える時間が少し必要なのだと思います)

と述べ、その上で、どうして考える時間が必要なのかを付け加えられれば、Billさんにとってはより理解しやすくなります。たとえば「日本の会社では合議制で決まることが多く、即断できない」などと説明することです。

☝ プラスワンポイント

Cultural Interpreter(文化の通訳者)たれ!

通訳者のことをinterpreterと言います。ここで伝えておきたいのは、グローバルな環境で仕事をするビジネスパーソンはcultural interpreter、つまり文化の通訳であり、解説者であってほしいということです。他の文化圏から来ている人に対して、背景となる価値観・習慣・伝統などを説明できる人です。

グローバルビジネスは多文化環境です。その中で、他者の文化を理解し、受容することもグローバルビジネスリーダーには求められていきます。

それは、自分自身の文化を知り、アイデンティティを再確認することにもなります。

Case study：成功シーン

以上を踏まえた上で会話すると、こうなります。

Bill： Is there a problem?
（何か問題があるのですか？）

加藤： I think Ogawa-san may need a little time to think about this.
（この件について小川さんは考える時間が少し必要なのだと思います）

Bill： Okay, but why?
（わかりました。でも、なぜですか？）

加藤： As you may have heard, in Japan we use a collective decision-making system.
（ご存じかもしれませんが、日本では、我々は合議制を採用しています）
So probably Ogawa-san needs some time to sort through all the details.
（ですので、おそらく、小川さんは詳細を整理して判断する時間が必要なのです）

Bill： I see.（なるほど、そうですか）

WORDS　✓ **sort** 整理する、並べる、分類する

Chapter 2

失敗シーンから学ぶ「英語でビジネス」のコツ

COLUMN

「グローバルイングリッシュ」への近道は発想の転換にあり
—— もう「受験英語」に決別しよう —— 船川淳志

　私は、グローバル人材育成と組織開発のコンサルティングを始めて23年目になります。その間に、世界70か国以上の4万人を超える人にグローバルでたたかうために何が必要なのかを指導してきました。

　その経験から確実に言えることが、次の2つです。

Fact 1：世界のビジネスの公用語である「グローバルイングリッシュ」は急速に広まっている
Fact 2：にもかかわらず、日本人の英語能力が向上していない

　実は私の最初の著書『Transcultural Management －A New Approach for Global Organizations』(Jossey-Bass社、1997年)の中で、次のように記しました。

Nonnative English-speaking people are the native speakers of international English, the most commonly spoken language in the global business community.

　つまり世界で最も使われているのは、英語は英語でも国際英語（当時は英語や異文化教育者の間では一般的にこう言われていた）、今でいう「グローバルイングリッシュ」であり、英語を母国語として使っている人よりも、我々のように外国語として

使っているのがマジョリティだということを強調したのです。

　この本の原稿を書いていたのは1990年代半ばです。東西冷戦が終わって数年が経っていますが、フェイスブックはもちろん、グーグルすら設立される前です。それから本格的なネット社会の到来とともにグローバルイングリッシュを使う人は急速に拡大して、今や20億人に近いとも言われています。私の実感でも以前、英語がそれほどできなかったタイ、ベトナム、バングラデシュ、東欧圏、南米及び中南米のマネジャークラスの英語力が上がってきています。グローバル化を表わす中国語は「全球化」といいますが、まさに全地球的にグローバルイングリッシュが普及しているのです。

　ところが日本人の英語能力は一向に向上していません。2009年、大前さんとの対談本（『グローバルリーダーの条件』、ＰＨＰ研究所刊）の中で「英語ベタは国家的な損失になっている」と述べましたが、「グローバルイングリッシュができないことはこの国の悲劇」であるという危機感はなくなるどころか、年々強まってきています。

　では、なぜ日本人の英語力が向上しないのでしょうか。学校教育にまず根深い問題があります。

　昨今、「英語を社内公用語」とする企業が増えていますが、その反動として現場ではますます「英語嫌い」になる状況が目立っています。英語嫌いの方には理由があります。英語ができないのに教えていた英語教師に対して子供は敏感に気付きます。つまり、偽物とは言いませんが、本物ではない英語に対する違和感を持つということです。しかも教える目的は「世界で通じるグローバルイングリッシュの習得」ではなく、「受験英

語の習得」。単語やイディオムの丸暗記と倒置構文の翻訳というような悪癖を身に付けてしまったのです。そして社会人になって、今度はＴＯＥＩＣの点数至上主義により受験英語の悪癖が復活するという構造を作ってしまいました。

では、どうすればいいか。教える側も学ぶ側もこれから述べるパラダイムシフトの実践が鍵となります。

1.「英語のネイティブ」に対するコンプレックスに決別し、グローバルイングリッシュのネイティブという自覚を持て！

先に述べたように、世界で使われているのはグローバルイングリッシュであり、アメリカンイングリッシュでも、クィーンズイングリッシュでもありません。シングリッシュは有名ですが、シンガポール人もインド人もバルト三国の人もみな、それぞれのアクセントを持ちながらも、堂々と気おくれしないでグローバルイングリッシュを使っています。それは話すだけではなく、「わかったふり」をしないで遠慮なく聞くことも含まれます。

言語学的には、遅くとも10代の早いうちにネイティブの英語に触れない限り、「ネイティブスピーカー」のようにはなりません。もちろん発音矯正の訓練を受けて強いアクセントを極力減らしていくことも重要ですが、多くの日本人があまりにもこの「ネイティブの英語」という幻想が強く、これから述べるもっと重要なことをやっていないのです。あるいは「しょせんネイティブのようになれないから英語は勉強しない」という「極論をもってやらない正当化をする」詭弁にとらわれているのです。

もう一度言いますが、我々が「グローバルイングリッシュのネイティブ」だということに気づけば、もっと自然体で英語と

付き合うことができるはずです。

2. 受験英語の3大悪癖をやめよ！

2003年、当時のNHK教育テレビの「実践・ビジネス英会話」という番組の講師を半年務めました。私は「英語の先生」はできません。ただ、上述のように「英語でビジネス」は30年以上も実践してきました。この仕事で気付いたのが、それまでの語学番組は結局、受験英語の延長上にあるということです。つまり、これから述べる3つの悪癖をむしろ強めてしまうことになっているという点です。

まず、**「正しい英語」という幻想**です。私が作成したグローバルビジネスで使われるリアルな英語表現に対して、番組の制作スタッフから「時制はこれでいいのですか？」とか「指示代名詞をこのように使っているのですか？」などと繰り返し問われて辟易したことがあります。もっとも公共放送としては「正しい英語」を放映しなければ、全国にいる文法を細かくチェックしたがるマニアックな「正しい英語の信奉者」から指摘を受けてしまうのでしょう。

念のために記しておくと、私は文法や語法の正しさ、正確さを学ぶことを否定していません。ただ、日本人はあまりにもこうしたことに時間とエネルギーを費やしてきてしまったのです。我々が気にするほどは「th」と「s」、あるいは「v」と「b」の発音の違いは問題にされず、それについて指摘する外国人のビジネスパーソンは皆無と言っていいでしょう。

2番目に、**「一語一訳」の習慣**です。たとえば「engagement」という単語を見た時にみなさんは何を思い浮かべますか？　な

まじエンゲージリング（正しくはengagement ring）という中途半端なカタカナ英語が世の中に広まっているので「婚約」が浮かぶかもしれません。ところがビジネスではI'm engaged in the project.という言い方がよく出てきますし、engagement manager というタイトル（肩書き、役職）はあちこちで使われます。なお、client engagementと言えばクライアントの担当業務を意味します。

「engagement=婚約」という一語一訳の習慣では理解できません。大事なことは、言葉の持つ本来の意味合いを理解することです。たとえばEngageという言葉の「向き合う」「取り組む」という意味合いを押さえておけば、上記のフレーズの意味が見えてくると思います。つまり応用がきくのです。

3番目の悪癖は「**Knowing の罠**」です。かつて『これを英語で言えますか？』という本の帯に「いない、いない、ばー」「$a^2 + b^3 = c^4$」というフレーズが書かれていた事例がありました。

多くの読者は、「知らない」➡「焦る」➡「あわてて覚える」➡「使用場面がないので忘れる」➡「また知らない単語に出合って焦る」という「Knowingの罠」にはまってしまうのではないでしょうか？　ちょうど前述のＮＨＫの番組講師をやっていた頃、書店で平積みになっているこの本を見た時には居たたまれない気持ちになりました。なぜなら、読者の心理を見事についた「本のつくり」には感心しましたが、またこれで「Knowingの罠」にはまって「英語の勉強を始めてはやめる」という悪循環を繰り返す読者が増えるのだろうと思ったからです。

こんな時は、冷静に「私はこの表現を使う場面がどのぐらいあるのだろう？」と考えてみればいいのです。英語圏で子育て

をするか、親戚にネイティブスピーカーがいれば「peekaboo」という言葉を見て覚えることは簡単ですが、ビジネスの場面では心配しなくていいでしょう。また、「$a^2+b^3=c^4$」はホワイトボードかメモ用紙にその場で書けば済むことなのです。

3. スタティック（静的）な学び方から、ダイナミック（動的）な学び方へ変えよう！

　以上のように、この受験勉強で身に付いてしまった「3大悪癖」は根深いものがあります。これは英語だけに限りませんが、日本の学校教育はスタティックな学びが主流です。先生から生徒へという一方通行で、双方向のやりとりをしていません。これでは身に付かないのは当然です。

　言葉は生き物であり、コミュニケーションはダイナミックプロセスです。常に変化し続けて、状況に応じて適切な言葉を脳から抽出し、言葉として発し、それを受けた相手の表情や反応をしっかり観察して今度は相手の発言に耳を傾ける——という作業の連続です。それは決して一問一答的なマニュアルで対応できるものではありません。やりながら学ぶことが大事なのです。

　以前、大前さんと対談して、大前さんも私も「高校では英語を話していなかった」という事実に気付きました。クラリネットを買うために外国人相手のツアーガイドを始めた大前さんも、外国人と空手や棒術の稽古を始めた私も、大学生になってから、グローバルイングリッシュの世界に触れたのです。

　最初は下手でもいい。冷や汗をかきながらでも続けていれば確実に身に付き、それにより視野を広げ、世界の多くの人から学びながら楽しめる、それがグローバルイングリッシュなのです。

Chapter 2

出典／
【実践ビジネス英語講座】
Practical English for Global Leaders（PEGL）
船川淳志『グローバルマネジャーのマインドとスキル』

　本書ではビジネスパーソンにふさわしい英語表現を中心に紹介したが、番組の講座では「英語を話せる（だけの）人」と「英語でビジネスができる人」との間に存在するギャップに焦点を当て、日本人に不足しがちで英語環境に不可欠な「マインド」と「スキル」を中心に解説。「失敗シーン」「成功シーン」は再現風ビデオとして紹介し、ゲストを交えて望ましい英語表現を考えながら、グローバルで活躍するビジネスパーソンとしてあるべき考え方や態度を学ぶ。1回約30分×全25回。なお、本書では紙面でより理解しやすいよう、番組内容から一部を変更、再構成している。

Chapter 3

あなたはこれを丁寧に言えますか?
&書けますか?

講師:狩野みき
大前研一
松崎久純

Chapter 3 の使い方

　Chapter 3では、ビジネスの場で丁寧に伝わる英語を学びます。これまで見てきた通り、日本人は命令形にpleaseを付ければ丁寧なニュアンスになると思いがちですが、そうではありません。どんな言い方をすれば相手の気分を害さずに必要なことを伝えられるのかを知っておくことは、グローバル社会で仕事をする時に極めて重要です。

　この章は3つのパートに分かれています。

①文法を使って丁寧に言う！（講師：狩野みき）
　「過去形」は単に過去の事象を表わすだけでなく、婉曲的なニュアンスを込めることができる——など文法を活用しながら丁寧に伝えるテクニックを紹介します。

②丁寧に言うコツを学ぼう！（講師：大前研一）
　文法を使う以外にも、丁寧なニュアンスを込めるためのコツはたくさんあります。ここでは大前氏自身がビジネスの場でよくあるシーンをもとにそのコツを伝授します。①と②についてはやはり「繰り返し発音して覚える」のが効果的です。

③丁寧に伝わるメールの書き方（講師：松崎久純）
　自己流の英文メールでは、失礼なフレーズを使って失敗してしまうことがよくあります。ここでは英文メールの丁寧な書き方を学びます。

? How to use...

> 講師紹介

狩野みき（かの・みき）

慶應義塾大学大学院博士課程（イギリス文学）修了。英字新聞の文化欄記者を経て、慶應義塾大学講師、聖心女子大学講師。現在、グローバル水準の考える力・作文力・プレゼン力のスクール「Wonderful Kids」主宰を務める。主な著書に『世界のエリートが学んできた「自分で考える力」の授業』（日本実業出版社刊）『女性の英会話　完全自習ブック』（アルク刊）がある。

> 講師紹介

松崎久純（まつざき・ひさずみ）

メーカー勤務等を経て、現在、サイドマン経営・代表。グローバル人材育成の専門家。慶應義塾大学大学院非常勤講師。主な著書に『英文ビジネスレターは40の構文ですべて書ける』『英語で学ぶトヨタ生産方式―エッセンスとフレーズのすべて』（ともに研究社刊）、『ものづくりの英語表現』（三修社刊）がある。

Chapter 3 ビジネス会話編
①文法を使って丁寧に言う！（講師：狩野みき）

Conversation

「手伝ってくれませんか？」
過去形は言いづらいことを伝える道具

日本人が使いがちな英語

Please help me.

Help meにpleaseを付けた言い方です。しかしこれは、ネイティブには丁寧に聞こえません。

言いづらいことを伝える時には、過去形を使うことが効果的です。

コーヒーに砂糖はいりますか？

過去形といえば、中学校で「終わったことを表わす時制」と教わったのではないでしょうか。それはもちろん間違っていませんが、ビジネスの場では、言いづらいことを伝えるための婉曲表現として使うことができると覚えておくといいでしょう。

A) <u>Do</u> you want some sugar for your coffee?
B) <u>Did</u> you want some sugar for your coffee?

B) は過去形なので、「過去において砂糖が必要だったかどうか、尋ねている」という場面も想定できます。しかし、文脈によっては、過去形は「現在のことをやんわりと言う」ことができるのです。

2つとも「現在」に言及している、という条件付きで訳すと、

A)「コーヒーに砂糖はいりますか？」
B)「コーヒーに砂糖はご入り用でしたか？」

というニュアンスで伝わります。Did you want ～?と過去形にしている分、やんわりと響くのです。

現在形は「今の現実」「半永久的に変わらない事実」を語るため、断定口調に聞こえます。現在形でいきなりDo you want ～?とすると場合によっては〝挑んでいる〟感じにも聞こえます。しかし、同じ内容を過去形にすると、話者は「今の現実」から一歩引いている感じになり、その分「やわらかく、婉曲に、丁寧に」響くのです。

この土曜日、働けますか?

もう1例見てみましょう。

C) I wonder if you could work this Saturday.
D) I wondered if you could work this Saturday.

訳は以下のようになります。

C)「この土曜日、働けるかな」
D)「この土曜日、働けるかなと思ったのですが」

I wonder if ～は「～かどうかと思って」という意味で、もともと婉曲的なニュアンスのある表現です。Can you work this Saturday?と尋ねるよりもI wonder if you could work this Saturday.のほうがやわらかく聞こえます。さらに婉曲度合いを増したのがI wondered if ～という過去形バージョンです。

💬 手伝ってくれませんか?

　ビジネスの場においては、言いづらいことを言わなければいけないこともあります。そんな時に特に使えるのは、

I wondered if you could ～

という表現です。これは、誰かに何かを頼む時に「～してくださらないでしょうか？」というニュアンスで使います。

　丁寧に「手伝っていただけませんか？」と依頼する時は、

I wondered if you could help me.

と言うのがいいでしょう。資料などを読んでほしい時は、

I wondered if you could read this.

となります。

　上のような表現を使えば、相手は気持ちよくあなたの頼みに応じることができるでしょう。

Chapter 3

あなたはこれを丁寧に言えますか？ &書けますか？ ビジネス会話編

Conversation

「しようとしたが、できていません」
現在完了進行形の I've been wanting／meaning は使える

日本人が使いがちな英語

I wanted to phone you.

I wanted to ～ と過去形にした言い方です。しかし過去形は「現在」とは切り離されてしまうため、切羽詰まった感じが薄らぎ、「過去のある時点ではそう思っていたが、今はそうは思っていない」とネイティブは受け取ってしまいます。

「しようとしたのに、できていない」ことを誠意とともに伝える時には、I've been wanting、I've been meaningのような言い回しがビジネスの場で役立ちます。meanは「意味する・示す」という訳が一般的ですが、mean to doで「～するつもり」という意味になります。「現在完了進行形」は、人間関係をスムーズにするためにとても使えるフレーズです。

電話しようと思っていたのにできていない

ビジネスなどでは、「○○するはずが（忙し過ぎるなどの理由で）できていない」、あるいは「○○するはずが、（忘れてしまって）できていないので謝らなければいけない」などのケースが少なくないでしょう。そのような場合、wantやmeanを現在完了進行形にすることによって、丁寧にお詫びの気持ちと事情を伝えることができます。

たとえば、こんなフレーズが使えます。

A) I've been meaning to phone you, but I haven't been able to.
B) I've been wanting to get back to you, but sorry, I've been too busy.

この２つを訳すと、
　A）は「あなたに電話をしようしようと思っていたのだけれど、まだできていなくて」
　B）は「あなたに例の件の返事をしたかったのですが、ごめんなさい、とにかく忙しくて」（get back to youは、相手からの連絡に返事をする、相手からの質問にあらためて答えるという意味）
となります。

どちらも、「（しようと思っていたのに）まだできていない」というところがポイントです。I've been meaning toとI've been wanting toのニュアンスの違いを説明すると、以下のようになります。

I've been meaning toは「（過去のある時点から現在まで）しようしようと思っていた（けれどできていない）」。

I've been wanting toは「（過去のある時点から現在まで）したいと思っていた（けれどできていない）」。

A)、B)の2つの例文では後半部分のbut . . . で「まだできていない」ことを明言していますが、この後半部分はなくても「まだできていない」というニュアンスはだいたい伝わります。したがって、

I've been meaning to phone you.
(あなたに電話をしようしようと思っていた)

とだけ言えば、「でも、まだ電話できていない」ということがわかります。

会いたかったのに時間がなくて

この2つの表現はビジネスだけでなく、ちょっとした「心の機微」を表現する場合にも重宝します。「あなたにずっと会いたかったのだけれど、とにかく時間がなくて」と伝えたい時は、

I've been wanting to see you, but I just haven't had time.

と言えばいいでしょう。

データを送りたかったのに、パソコンが壊れてできていない

オフィスでありがちなのが、パソコンのトラブルです。「データを送りたいと思っていたのですが、コンピューターがクラッシュしてしまいまして……」と少し言い訳したい時は、こんな言い方ができます。

I've been wanting to send you the data, but my computer has crashed.

💬 上司に話すつもりだったのに、出張中でできていない

　上司に話さなければいけない案件があるのに、上司が出張中で伝えることができていない時は、

I've been meaning to talk to our boss about it, but he's now on a business trip.

というフレーズが使えます。

　上記のような表現を使うことができれば、単に「できていない」という意味だけでなく、「(しようと思っていたのに) できていない」という丁寧なニュアンスがより相手に伝わりやすくなるでしょう。

Conversation

「一緒にランチしませんか?」
提案を示す could で人間関係も和やかになる

日本人が使いがちな英語

Let's get together for lunch and talk more.

Let'sを使っても文法的には間違いではありませんが、「ランチを一緒にしましょう」と、少々強引に誘っているニュアンスになってしまいます。友人同士ならいいのですが、取引先や顧客、上司にビジネス・ランチを提案する際に「Let's ～」ではカジュアルすぎて、失礼な印象を与えかねません。控えめな感じを出しながら提案する時は、couldが使えます。

ランチをご一緒にいかがでしょう?

canの過去形であるcouldの意味は、「～できた」という「過去における可能・能力の有無」だけではありません。couldには「提案」を意味する用法があり、丁寧なニュアンスで提案したい時などに活躍します。

たとえば相手をランチに誘いたい時は、以下のようなフレーズが役立ちます。

I enjoyed talking with you. We could get together for lunch and talk more.

(お話しできて楽しかったです。ランチをご一緒してもっとお話ししてもいいですよね)

get together for 〜 は「集まって〜する」という意味です。「提案」を示すcouldを使うことによって、「〜してもいいですよね」「〜するのはどうでしょう」という控えめな感じを演出できます。Let'sとの違いがわかると思います。

💬 あっ、それ私がやりましょうか?

「提案」のcouldを使ったフレーズは、顧客などとのオフィシャルなビジネスの場だけでなく、日常のシーンでも活躍します。ネイティブが職場でよく使う表現の１つに、

| I could do that.

があります。「あっ、それ、私がやりましょうか」という意味です。

　日本語でも普段、そのような申し出をすることがよくあると思います。英語でも日本語でもこのようなセリフを聞いた側は、「気が利く人だなあ」「この人は自主的によく働いてくれる」とよい印象を持つでしょう。

　たとえば、忙しそうにしている上司や同僚が書類を持ってコピー機に向かっている時は、

| I could make the copies.
| (私がコピーをとりましょうか)

と、声をかけるといいでしょう。喜ばれるとともに、あなたに対する評価も上がるはずです。

　押し付けでもなく、責任をすべてかぶるわけでもなく、さらっと「私がやります（やりましょうか)」と提案するcouldは、

人間関係を和やかにする潤滑油としての役割を果たしてくれます。

相談してみてはどうですか?

もう1例、見てみましょう。

A氏： We really need this project. But our boss wouldn't like it.
（このプロジェクトは本当に必要なのです。でも我々の上司は、いい顔しないでしょうね）

B氏： You could talk to Mike. He'll listen to you.
（マイクに相談したらどうですか。彼なら聞いてくれるでしょう）

You could talk ～という言い方によって、提案のニュアンスがやわらかく相手に伝わります。

When you go to London, you could see John.
（ロンドンに行ったら、ジョンに会ったらいいですよ）

これも提案です。こうしたcouldの「過去の可能」ではない用法もぜひ覚えておいていただきたいと思います。

💬 **Conversation**

「ご連絡いただければ幸いです」
仮定法を使えば「控えめな希望」を伝えられる

> 日本人が使いがちな英語

Please help us.

　動詞にpleaseをつけても、上から目線の命令的なニュアンスに変わりはなく、丁寧に聞こえないのは前述した通りです。180ページでは言いづらいことを伝える時には「過去形」が効果的と紹介しましたが、ここで説明する「仮定法」も控えめな希望を伝える時などに活躍します。

助けていただけたら、うれしいのですが

　次の例文を見てください。

It <u>would be</u> great if you <u>helped</u> us.
（あなたがもし私たちを助けてくれたら、とてもうれしい）

　「仮定法」は、「（実際にはあり得ないだろうけれど）もしもそうなったら」「もしも○○だったら」と若干の妄想を含めて表現する際に使います。この「そうはならないかもしれないけれども……」という〝妄想性〟が、控えめな気持ちを表現する力を持っているのです。

　ここで少し、「仮定法」について解説しましょう。

下の例文を見れば、若干の〝妄想性〟がわかると思います。

If I became prime minister, I'd (=I would) live in a big house.
(もし首相になったら、大きい家に住むんだ)

小学生が話しているようなイメージです。
ちなみに同じifを使う表現で、「条件法」があります。

If I become prime minister, I'll improve the nation's economy.
(もし首相になったら、この国の経済を良くするつもりだ)

こちらは「仮定法」よりも現実性が高く聞こえます。つまり、首相になる可能性が十分ある有力政治家が発言しているイメージです。

　仮定法は原則としてif節が「過去形」、主節が「would＋動詞の原形」。過去形を使うことによって現在から一歩距離を置くので、現実性がないイメージです。
　条件法はif節が「現在形」、主節が「will＋動詞の原形」。現在形は、「真実・断定」を示す意味もあります。たとえばThe earth is round (地球は丸い) と現在形で言えば、真実・断定を示します。だから条件法は現実性が高く聞こえるのです。

さて、左ページの例文はif節の中の動詞はhelpedと過去形になっていますから、仮定法であることが一目瞭然です。if節の中で言及していること (＝私たちを助けること) は心から願っ

ていることで、本音では想定の範囲内です。しかし現在形を使った条件法でIt will be great if you help usとすると、「助けてくれる」と自信をもって想定しているニュアンスになってしまい、横柄な印象を与えかねません。

　ここでは仮定法を使えば、「彼が助けてくれるなんてことはないかもしれないけど、そうしてくれたらいいな」という丁寧なニュアンスで伝わります。

ご連絡いただければ幸いです

ビジネスシーンですぐ使える例文を１つ紹介しましょう。

We'd (=we would) appreciate it if we heard from you.
（ご連絡いただければ幸いです）

　相手からメールの返信をもらうことは、本音では想定の範囲内です。返事を欲しいと思っているので、本来なら「We'll appreciate it if we hear from you.」のような条件法を使った言い方をしたいところですが、「もしもあなたから連絡をもらえるなんてことがあったら」と、あえて〝妄想〟しているふりをすることによって、丁寧なニュアンスを込めることができます。

　以上のように、相手を立てたい、ストレートに言うのは気がひける、というシーンでは、「if＋過去形」の仮定法がとても効果的です。

WORDS
✓ **appreciate** 感謝する、高く評価する、鑑賞する

それはいいですね

仮定法であることを示すif節があるはずなのに、それが言葉上、隠れている場合があります。正式な文法用語ではありませんが、私はこれを〝隠れ仮定法〟と呼んでいます。それは日常会話でもビジネス会話でも、なくてはならない存在です。

おそらくネイティブは隠れ仮定法を1日に何十回と使っているでしょう。たとえば、以下のような会話で使われます。

A氏: We can set up a new project team for this.
（このために新プロジェクトチームを作ることもできます）
B氏: That'd be nice.
（それはいいですね）

この会話で隠れ仮定法が使われている部分は、「That'd（＝That would）be nice」です。隠れているif節を復活させると、

If we set up a new project team for this, that'd be nice.

となりますが、提案者の言葉を繰り返すとくどくなります。そこでif節を隠して、会話をよりスムーズにしているのです。

以下の表現は、隠れ仮定法として日常のあらゆるシーンで登場します。（隠れ仮定法は主に会話で使うので、wouldはよりカジュアルな「'd」という形で使われます）。「そうしてくれると、うれしい」という意味のものがほとんどです。ポピュラーなものとしては、

That'd be great.
That'd be wonderful.
That'd be nice.
I'd appreciate it.

……などがあります。

Conversation

「もう少しゆっくり話してくれませんか？」
I wish + would は「お願い」の少しソフトバージョン

日本人が使いがちな英語

Please speak more slowly.

やはりこれは命令文にpleaseをつけただけで、「もう少しゆっくり話してください」と上から目線で言っているニュアンスで聞こえてしまう場合があります。命令ではなく、角が立たないようにお願いしたい時は、I wish + would ～ が使えます。

もう少しゆっくり話してくれませんか？

早口でまくしたてるネイティブを前に、「もうちょっとゆっくり英語を話してくれたら理解できるのに……」と思っている時は、以下のフレーズが役立ちます。

I wish you would speak more slowly.
（もう少しゆっくり話してくれませんか）

直訳すれば、「あなたがもう少しゆっくり話してくれれば……と私は望んでいます」という意味になります。命令文よりも若干、婉曲的な表現になります。

もう1例、挙げましょう。

> I wish you would just listen to me.

（何も言わずに、ただ私の話を聞いてくれませんか）

なお、「I wish + would ～」と「I wish + 過去形」を混同しないように注意してください。似ているようで、明確な違いがあります。

「I wish + would ～」＝「お願い」の少しソフトバージョン
「I wish + 過去形」＝ 現在のことについて、妄想したり、夢を見たりする

と覚えておくとよいでしょう。

　丁寧にお願いをする場合にはよくWould you ～？という表現を使いますが、その時の「丁寧にお願いする感じ」が I wish + would ～ にも表われていると思っておくと、混同を避けられます。

そんなに飲まないでください

　I wish + wouldn'tという形ももちろん使えます。たとえば、接待の宴席で同僚にお酒を飲み過ぎてほしくない時などは、こんな言い方ができます。

> I wish you wouldn't drink so much.

（そんなに飲まないでほしいのですが）

「飲みすぎの夫をたしなめる妻」にも使えそうなフレーズです。

批判するのをやめてほしい

I wishの後には、you以外の言葉が続くこともあります。

I wish our boss would stop criticizing us.
(うちの上司、我々のことを批判するの、やめてくれないかな)

criticizeは「批判する」という意味です。この文章では、現実に正面から向き合って、上司に「やめてほしい」と願っています。

上司に面と向かって「やめてくれ」と言うことはしないかもしれませんが、気持ちとしては、「Please stop criticizing us」と言いたい気分です。上司本人に直接は言えなくても、その悩みを耳にした別の上司や同僚が遠回しに、その上司に配慮するようにやんわりと進言してくれるかもしれません。

ちなみに、この文のwish以下を過去形に変えて、

I wish our boss stopped criticizing us.

とすると、「うちの上司、我々のことを批判するの、やめてくれればいいのに(それはないだろうな)」という意味になります。

この文には、「現実に向き合って問題を解決したい」という思いは込められていません。どちらかというと、愚痴に近いニュアンスでしょう。stoppedと過去形を使うことによって、現実から一歩距離を置いていることが伝わります。

Conversation

「困ったことがありましたら」
If ~ should は、相手を立てる便利なフレーズ

日本人が使いがちな英語

If there is anything wrong, contact me anytime.
(困ったことがあったら、いつでも連絡してください)

　日本語にすると細かなニュアンスはわかりにくいと思いますが、**If + 現在形**には「困ったことが(必ず)起きるだろう」という大前提が含まれるため、相手の気分を害したり、失礼になったりする場合があります。そんなケースでは、**If ~ should**を使うと角が立ちません。

何か困ったことがありましたら、いつでも連絡してください

次の例文を見てみましょう。

If there should be anything wrong, contact me anytime.

　少しくどくなりますが、ニュアンスを含めて訳すと、「あなたの場合、困ったことが起きるなんてことはおそらくなさそうだけれど、**万が一**、何か困るような状況がありましたら、いつでも連絡してください」となります。

　shouldを「すべき」という訳で学んだ人は多いでしょう。

もちろんアドバイスをする時にも使われますが、shouldは「予想」や「推察」を表現する際にもよく使用されます。if節の中にshouldがある場合、shouldが持つ「〜のはず」という推測の意味が生かされ、「万が一、そういうことがあったら」となります。

そのニュアンスがあるため、If 〜 shouldは相手を立てる時にも非常に便利なフレーズとして活躍するのです。

たとえば仕事の引き継ぎの際に、「何か困ったことがありましたら、いつでも連絡してください」と後任者に言いたい時、相手のプライドが高い、あるいは年齢が自分より上などの理由から、「困ったことがあったら」と想定すること自体が失礼に響きかねない場合があります。

そんな時に、上記の例文のようにIf 〜 shouldで言えば、「あなたに困ったことが起きる可能性は低いけれど」というニュアンスが伝わり、相手を立てることができます。

ビジネスの場では「何か問題がありましたら」「何か困ったことがありましたら」と言う場面がたくさんあると思います。相手に失礼にならない表現として、If 〜 shouldを活用できることを覚えておくといいでしょう。

Chapter 3 ビジネス会話編
②丁寧に言うコツを学ぼう！（講師：大前研一）

Conversation

「なぜこうなったのか教えてくれませんか？」
相手を非難せずに「失敗してしまった理由」を聞く

日本人が使いがちな英語

Tell me why you did this.

「どうしてこうしたのか教えて」ということを和文英訳で話すと上記のようになります。何度も指摘している通り、これは命令形です。ネイティブには「おい、お前、なんでこんなことをしたのか言ってみろ」と乱暴なニュアンスで受け止められてしまいます。pleaseを付けても×。相手は自分の非を指摘され、激しく叱責されたと感じてしまいます。

なぜこうなったのか教えてくれませんか？

相手を傷つけずに理由や原因を聞きたい時は、「I」と自分を主語に持ってくる言い方が有効です。

I want to know why this happened.
（どうしてこういうことになったのか知りたいのですが）

ポイントは、youという言葉を一言も使っていない点です。「私が教えてほしい」というニュアンスですから、相手が「自分が責められている」とは感じないフレーズです。

次のような言い方も使えます。

> Why do you think this has happened?
> (どうしてこんなことが起こったとあなたは思いますか？)

こちらも「教えてほしい」というニュアンスになります。

同じことを聞くにしても、Tell me ～ では解決には向かいません。相手が緊張しないで問題解決に協力してくれるように促す言い方を心がけましょう。

なぜこんな赤字になってしまったのか？

役立つフレーズをもう1例、挙げましょう。

たとえば、「赤字になってしまった。どうしてこんなにコストが高かったのか？」と問い質したい時。I want to reconcile という表現が使えます。reconcileは、「仲直りさせる・和解させる」のほか「一致させる」という意味を持ちます。つまり「私自身の頭の中で整合性を持ちたい、理解したい」という意味になるのです。黒字だった前月と赤字の今月の数字、2つを突き合わせて……

> I want to reconcile these two numbers.
> (この2つの数字のつじつまを合わせたい)

そう話せば、相手を責めることなく（むしろ自分に非があるように装いながら）説明を促すことができます。

以下の言い回しも、自分に非があるように装いながら、相手の意見・認識を引き出すことができる表現です。

I don't understand 〜
(〜を理解できないのですが)
I just don't know how to do it.
(どうしたらいいかわからない)

🖐 プラスワンポイント
相手を持ち上げつつ感謝の意を伝える

納得がいく説明を得られた際やその後にうまくビジネスが進んだ時は、相手を持ち上げながら感謝の気持ちを伝えると、より良好な人間関係を保つことができます。
Thank youの代わりに、こんな表現を使えたらGOODです。

Oh, fantastic!
You did it!
I knew you could do it.

いずれも日本語に直訳するのは難しいのですが、「いいね！」「君はできると思ってたよ」というニュアンスです。

Conversation

「あなたの意見が受け入れられません」
同意できない時、抗議する時にも丁寧な言い方がある

日本人が使いがちな英語

I don't understand.
I don't agree with you.

これは相手にとってはキツい言い方に聞こえます。ビジネスでは、相手が話すことに同意できない時や抗議する時も、丁寧な言い方を心がける必要があります。

あなたのおっしゃることが受け入れられません

英語には、同じことを言うにも様々なニュアンスがあります。その中でも、一番丁寧に伝わるのが以下のような言い方です。

I'm sorry, but I can't follow your logic.
(すみませんが、あなたのロジックについていくことができません)
Can you give me a few examples of mistakes we have made?
(私たちがどのようなミスをしたのか、例を2つか3つ、挙げてくれますか?)

最初にI'm sorryとお詫びの言葉を伝えますが、その後に続けてbut I can't follow your logicと自分の反論を展開していくテクニックです。「あなたの論理についていくことができませ

ん」と、やんわり伝えることができます。

すみません、間違いがあるとおっしゃるのですか？

　左ページのようなやわらかい言い方で解決すればそれに越したことはありませんが、もし丁寧なニュアンスを保ちながらも、もう少し強く言いたい時は、以下の言い回しが使えます。

> I beg your pardon. Are you saying we are wrong? May I ask you to elaborate on it?
> （ちょっとすみません。我々に間違いがあるとおっしゃるのですか？　もう少し詳しくお聞きしてもよろしいでしょうか？）

　I beg your pardonは「ちょっとすみません」という意味のフレーズです。街中で人ごみを通ろうとする時や、軽くぶつかってしまった時などにも使われる言葉です。
　elaborateはChapter 2でも見た「詳しく話す」という意味の単語です。May I ask you 〜 と丁寧な言い回しでフォローするのがポイントです。ちなみに外国人が感情的になった時、こんなフレーズを語ったら要注意です。

What the hell are you talking about?

　What the hellは「いったいどうなってんだ？」という意味で、かなり下品な言い回しです。全体で「お前は何を言っているんだ？」というニュアンスになります。もしビジネスの場でこの言葉が出てきたら、相当険悪な状況と思っていいでしょう。

WORDS　✓ **elaborate**　詳しく話す、念入りに作る

Conversation

「今はその話はしないでおきましょう」
トラブルになりそうな時、話題を変えたい時のフレーズ

日本人が使いがちな英語

Stop it now.

日本語では、相手の動作などを止めたい時に「ちょっと待って」「ストップ」と口に出すことがよくあるかもしれません。言われるほうも特に違和感がないのではないでしょうか。しかし英語で「Stop it now」と言うと、「今すぐやめなさい！」と強い命令になってしまいます。相手が気分を害してしまう恐れもあります。

後で話し合いませんか？

ビジネスでは、今の雰囲気の中でその議論をしてしまったら余計にこじれてしまいそうだという場面があると思います。そのような時に活用できる表現を紹介しましょう。

たとえば、「この問題について、どう考えているのですか？」と詰問された時、話せる材料がないなどで説明するタイミングではないと判断したら、以下のような言い回しが使えます。

I don't want to explain it to you right now. Can we discuss this later?
（今すぐにその説明はしたくないんです。この件は、後で話し合いませんか？）

気持ちとしては「その話はやめてくれ」が本音でも、そのまま口に出しては高圧的な印象を与えてしまいます。
そこで、「自分としては後でその話をしたい」というニュアンスを出すのです。

話し合うにはもっといいタイミングがあるはずです

さらに前向きなニュアンスを出しつつ「今話すべきじゃない」と伝えたい時は、こんな言い回しも有効です。

> There must be a better time for you and me to talk about this subject.
> (あなたと私にとって、この件について話し合うにはもっといいタイミングがあるはずです)

上記の例文には、「自分はその議論を避けているのではなく、別の機会にこの話をすれば、あなたと私のことだからうまくいくと思うよ」という前向きなニュアンスが含まれます。

Conversation

「私が悪かったです!」
弁解の余地がない時にネイティブが使う表現

日本人が使いがちな英語

I'm sorry. I'm absolutely wrong.
I made a huge mistake.

　これもやはり学校で習ったような和文英訳的表現です。全面的に自分の非を認めている潔い言い方に見えるかもしれません。しかし、これは〝ハラキリ〟でもしかねないほど思い詰めた深刻なニュアンスになるため、ネイティブはこう言われると戸惑ってしまいます。

言い訳ができないほど謝っています

　ビジネスでは、弁解の余地もなく、自分に非がある場合に全面的に謝罪しなければいけない場合があります。たとえば、アメリカ人はそのような平身低頭で謝らなければいけない時、こんな表現をよく使います。

> Mea culpa.
> (すみません、私が間違っていました)

　語源はラテン語です。「ミア カルパ」と発音します。このフレーズは、「言い訳ができないほど謝っています」というニュアンスを相手に伝えることができます。外来語なので平謝りで

WORDS
- ✓ absolutely　絶対的に、完全に
- ✓ huge　巨大な、非常に大きい

も少し軽い気分が出ます。

そんなmea culpaには、言われた側が「しょうがないなぁ、わかったよ」と思ってしまうような効果があります。言い訳もできないほど非があると伝えているのですから、相手も言い訳を聞こうとは思わないでしょう。

解決策を話し合いましょう

逆に、ネイティブからmea culpaと謝罪された時は、前向きな表現を使ってください。たとえば、下記のようなフレーズで返せば、相手のミスを一緒にリカバリーする方向にスムーズに進めることができます。

Let's talk about the solution.
（解決策を話し合いましょう）

和文英訳でWhy did you make a mistake?と言ってはいけません。平身低頭で謝っている人に対し、「なんでお前はミスをしたんだ？」と責め立てるのはNGです。

これまた和文英訳でI understand. I accept your apologyのような表現も使わないように注意しましょう。「謝罪を受け入れます」と伝えたいのかもしれませんが、相手には上から目線で「許してやろう」というニュアンスで伝わるため、ネイティブには尊大な言い方に聞こえてしまいます。

Conversation

応用編 「本当のことを話してほしい」
言いづらいことを切り出し、相手に事情を話させる方法

日本人が使いがちな英語

You are in trouble. Please tell me the truth.

「君はトラブルの渦中にある」——外国で管理職として仕事をしていると、使い込みやセクハラなどといった部下の悪い噂が飛び込むこともあります。そこで本人から事情を聞きたい時、上のような切り出し方をすると、相手は身構えて本当のことを話してくれなくなってしまいます。

そうしたトラブルへの対応は、コミュニケーションの中でも一番難しいものです。ここでは応用編として、どんな言い方があるかを見てみましょう。こんな言い方があると知っておくだけで、少なくとも、すぐに相手を厳しく問い詰めてこじれることはなくなると思います。

私を信じて話してください

「本当のことを言ってほしい」と切り出す際は、自分が味方であると伝わるフレーズを使うと、相手も話しやすい雰囲気になるでしょう。たとえば、次のフレーズが役立ちます。

> I should be the first person to know ~.

直訳すれば「私は~を知る最初の人になったほうがいい」と

いうフレーズです。「私を信じて、本当のことを話してください」という思いが伝わる言い方です。

進退問題にかかわるような就業規則違反や不正の疑いなどがある場合は、落ち着いたトーンで以下のように話し始めるのも1つの方法です。

> You should tell me, so I can figure out what to do about it. Because I don't want to lose you.
> (あなたは話してくれるのがいい、そうしたら私がそれについて解決策を出せます。なぜなら私はあなたを失いたくないからです)

本音では厳しく問い詰めたくても誠意を尽くした言い方に徹し、「だから、私には真実を言ってほしい」というニュアンスを出すのがポイントです。

こうした難しいコミュニケーションをやりとりできれば、ビジネスパーソンとしてはとても優秀です。

ここであらためて意識していただきたいのは、応用編といっても使っている単語や構文自体は難しいものではないということです。英語には様々なニュアンスがあり、その「コツ」を知ることが重要だとおわかりいただけたと思います。

WORDS
✓ figure out　解決する、理解する

Chapter 3 ビジネスメール編
③丁寧に伝わるメールの書き方 (講師：松崎久純)

E-mail

メールの〝顔〟は「Subject (件名)」だ
何の用かがわかる「単語1つ」を入れるのがスマート

　ビジネスではEメールのやり取りは欠かせません。ここからは、英文ビジネスEメールの構成とルール、失礼にならない書き方を解説します。

　まず、メールの〝顔〟とも言えるのが「Subject（件名）」です。日本語で書く時にもメールの件名だけで「この人はデキるビジネスパーソンかどうか」がある程度見えてくる場合があります。たとえば、メール本文の用件にかかわらず、いつも件名が「〇〇（名前）です」という人は少なくありません。これでは読む側は何の用事かがすぐわかりませんし、あとでそのメールを探す時にも大変です。

　英文メールでも同じことが言えます。

用件をシンプルに伝えるタイトルの書き方
> Inquiry: Product VG-100
> （問い合わせ：プロダクトVG-100について）

　上記の例文では、用件の単語の次にコロンを打って、プロダクトの番号を書いてあります。このような書き方で、何の用件なのか、シンプルかつ明確に相手に伝わります。

　もう1例、紹介しましょう。

こちらはメールで質問したい時の書き方です。

Question: Your e-mail of July 10
（質問：7月10日のメールについて）

基本的に簡単な表現で大丈夫ですが、明確に書くよう心がけてください。件名はあまり長くならないようにしましょう。

コロンの前に置く単語にはこのほか、

Confirmation	確認
Information	情報
Notification	通知
Request	リクエスト
Reminder	リマインダ（会議の予定や約束などを思い出させるための通知）

などがあります。

このようにわかりやすい件名を心がけ、受け取る側が仕事をしやすいように配慮することも大切なマナーです。

E-mail

失礼にならない「宛名の書き方」
名前の後はカンマか、コロンか?

　日本語のメールと同じで、1行目には相手の名前を書きます。英語の手紙やメールには宛名に「Dear」という敬辞(salutation)を置くことがあるのはご存じだと思います。

　宛名は以下のような書き方になります。相手の名前がわかる場合、「Dear + 敬称 + 名字」が丁寧でフォーマルな書き方と考えてよいでしょう。

Dear Mr. Smith
Mr. John Smith（Dearを用いないケース）

　相手が女性の場合は未婚か既婚かで敬称は違ってきますが、最近ではMissやMrs.はビジネスではあまり使わないのが一般的です。
　無難なのは、未婚・既婚にかかわらず使えるMs.という敬称です。

Dear Ms. Smith

　ビジネスでとても親密な関係にある場合は、「Dear + ファーストネーム」というスタイルもあります。友人や長年の同僚など特に親しい相手にメールを送る場合は、

> Dear John
> John（Dearを用いないケース）

と表記するパターンがあります。

　この書き方は普段からファーストネームで呼び合うほど親しい仲ならかまいませんが、こちらからファーストネームで書くのは、相手によっては失礼にあたる場合もあります。距離感の判断が難しい時は、相手が自分をファーストネームで呼んだり、メールで書いてきたりしたら、自分もそれに合わせるという方法があります。

　宛名を書く時には、知っておくと相手に〝おっ〟と思わせるポイントがあります。下の2つを見てください。

> Dear Mr. Smith,
> Dear Mr. Smith:

　名前の後ろに「,（カンマ）」が打たれているのは、イギリス式。「:（コロン）」が打たれているのは、アメリカ式です。

　どちらのスタイルでも間違いではありませんが、相手に合わせて臨機応変に使い分けると、より丁寧な印象を与えられるでしょう。

　以上、名前がわかる場合の書き方を説明しました。ただしビジネスでは、送る相手の名前がわからない場合もよくあります。そのような場合は、次に紹介するテクニックが役立ちます。

📧 E-mail

部署名には必ず「The」を付けること
相手の名前がわからない時の「宛名のマナー」

　英文ビジネスメールには、メールを送る相手の名前が不明な場合にも一定のルールがあります。

　たとえば、購買部のマネジャー宛にメールを送りたいと思ったけれども担当者名がわからない時があります。その場合、以下のように宛名に部署名を書けばよいのですが、部署名に必ず「The」を付けることが重要なポイントです。

> The Purchasing Department　（購買部）
> The Import Section Manager　（輸入課マネジャー）
> The Manager: Research and Development
> 　　　　　　　　　　　　　（研究開発マネジャー）

　The Import Section Managerのように、役職名で書く場合も、最初に「The」を付けると覚えておきましょう。

　日本人は意外と知らないマナーです。この「The」を付けているかいないかで、ネイティブにはきちんと教育を受けてきた人かどうかなどバックグラウンドまで垣間見えてしまいますので注意してください。相手にスマートな印象を与えるためにも、マスターしていただきたいポイントです。

こだわりすぎる必要はありませんが、部署名や役職名については、一つひとつの単語の頭文字を大文字にしておくのがいいでしょう。

　ビジネスでは、大勢の顧客や社員に一斉メールをする場合もあると思います。このような特定多数の受信者向けの場合は、以下のような表記にします。Customersのように、名詞を複数形にしておくのを忘れないでください。

Dear Customers	（顧客のみなさまへ）
Dear Colleagues	（同僚のみなさんへ）
Dear Purchasers	（購入者の方々へ）
Dear International Students	（留学生のみなさんへ）

E-mail

結びの言葉は「Sincerely」だけじゃない
宛名に相手の名前を書いたかどうかで違う

　英語のメールには宛名に「Dear」という敬辞（salutation）を置くルールがあることは212ページで説明しました。フォーマルなメールや手紙の場合、その宛名欄で人名を記入したかどうかで、メールの最後に書く結辞（complimentary close）も違ってきます。これにもルールが決まっていますので、覚えておきましょう。

「Dear ＋人名」のように宛名に人名を書いている場合
Yours sincerely（イギリス式）
Sincerely yours（アメリカ式）

宛名で「Dear Sir」「Dear Madam」「Dear Clients」などのように、人名を記していない場合
Yours faithfully（イギリス式）
Faithfully yours（アメリカ式）

　イギリス式とアメリカ式のどちらにするかは、送信先の国や自分のスタイルなどによって決めればいいでしょう。一度メールをやりとりしてから、相手に合わせるという手もあります。

　ここで注意すべき点を１つ。宛名の後ろに「,（カンマ）」を打つイギリス式の場合は結辞もイギリス式、「：（コロン）」を

打つアメリカ式の場合は結辞もアメリカ式、と統一してください。

　以上のルールを守ると、英文ビジネスメールはフォーマルな雰囲気を出し、ぐっと丁寧な印象になります。

　結辞にはこのほか、下記のようなパターンがあります。

> Regards
> Best regards
> Kind regards
> Best wishes

　これらは前出の結辞よりもカジュアルな表現になります。どちらかというと親しい人に対して使われることが多い結辞ですので、ビジネスではお互いのことをよく知っている場合にだけ使用するようにしましょう。

E-mail

グローバルビジネスパーソンにふさわしい「署名」
自分の名前とアドレスだけなのは〝不親切〟

　必要な情報を相手にきちんと伝えるのは、ビジネスパーソンの基本です。メールの末尾につける署名欄（signature block）はその１つですが、意外と「名前とメールアドレスだけ」とか、「名前と会社名だけ」という人は少なくありません。

　たとえ、ネイティブから送られてきたメールの署名欄が名前とアドレスぐらいしか記入されていなくても、こちらからは必ず、自分の氏名、会社名、役職名、会社の住所、電話番号など、名刺に記載されている情報を一通り記すようにしてください。こうした細かい気遣いは、読み手にスマートな印象を与えます。

　英文の場合、住所や所属などの書き方、項目の順番が、日本語の場合と若干異なります。

　右のページで、英文メールでの署名欄の例を紹介します。これを参考に自分の英文の署名欄を作成し、メールに設定しておくといいでしょう。

【署名欄の例】

```
****************************************************************
```
Hanako SHOGAKU（Ms.）	（氏名）
Manager	（役職名）
Industry Development Office	（部署名）
Central Japan Company	（会社名）
2-3-1 Hitotsubashi, Chiyoda-ku,	（住所）
Tokyo, Japan（101-8001）	（住所の続き、郵便番号）
Tel: ＋81-3-0000-0000	（電話番号など）
Fax: ＋81-3-0000-0000	
E-mail: hanakoshogaku@●●●.co.jp	（自分のメールアドレス）
http://www.●●●.co.jp	（自社ホームページのURL）

```
****************************************************************
```

　英文ビジネスメールの署名欄の項目は、上記のような順番で並べるのが一般的です。日本語では通常、最初に会社名、続いて部署、役職という順番で表記されますが、英語の場合は、氏名、役職名、部署名、会社名という順になります。

　氏名は姓を大文字表記にします。また、外国人には日本人のファーストネームで男性か女性か判断するのは難しい場合があります。名前の横に（Ms.）のように書いておくのは、性別を伝える１つの方法です。

📧 E-mail

その「年・月・日」「時間」の書き方、正しいですか?
「11:00 a.m.」は〝書き方を知らない〟と思われるかも

　英文ビジネスメールでは、年月日や時間にも丁寧な表記を意識する必要があります。これらの書き方にも決まったルールがありますので、正しい年月日、時間の表記をマスターしましょう。2014年5月2日を例に見ていきましょう。ここでは先に「NG」な書き方を紹介します。

　× 5/2/2014
　× 2014/5/2
　× 2014/2/5

　月を数字で書くと、相手にはどちらが月なのか日なのか正確にわからず、誤解や混乱が生じてしまいます。このため、アルファベットで月を表記するのがルールとなっています。

　下記が年月日の正しい表記です。「月、日、西暦」のアメリカ式と、「日、月、西暦」のイギリス式があります。

　○ May 2, 2014（アメリカ式）
　○ 2 May 2014　または 2 May, 2014（イギリス式）

　イギリス式では2nd May 2014などと日を序数で表記する時もあります。

4月のことを「Apr.」のように省略した表記を見かけることがあると思いますが、ビジネス文書では月の表記は省略しません。4月は「April」とフルで表記するのがルールです。

日時はできるだけ読み手にわかりやすく、明確に書くと丁寧で親切な表記になります。来週という言い方よりも、具体的な日で書くようにしましょう。

◯ Tuesday, May 12
△ Next Tuesday

時間の表記にもルールがあります。「午前11時」と書きたい時は、11に小文字のa.m.を付けるか、11:00と表記するのが一般的です。

◯ 11 a.m.
◯ 11:00
× 11:00 a.m.　←一般的にはこのような書き方はしないほうがいい

E-mail

「〜についてですが」「〜をお伝えします」
本文の書き出しは〝お決まりのパターン〟を活用

　本文の1行目に何を書けばよいのかわからず、なかなかメールを書き出せない人は多いのではないでしょうか。しかし、書き方のパターンやコツを覚えれば、スムーズに書けるようになります。英文ビジネスメールには、書き出しに使える典型的な構文があります。

　本文の出だしでよく用いられるフレーズの中から、覚えておくと便利なパターンを紹介します。ぜひアレンジして活用してください。

〜についてですが ／ ① With regard to 〜

　日本語のビジネスメールでは、時候の挨拶などから書き始めることもありますが、英文ビジネスメールでは比較的あっさりと用件から書き出すのが一般的です。

　用件を書き出す際に便利なのが「〜についてですが」というフレーズで、次のように多くのバリエーションがあります。いずれもよく使われる表現ですので、自分の好きな構文を使うといいでしょう。

> With regard to your inquiry,
> （お問い合わせについてですが）

With regard to the amended order we received on the 13th,
(13日に受け取った、修正注文についてですが)

📧 ~についてですが ／ ② Concerning ~

Concerning our order for hair gel XI-100,
(ヘアジェルXI-100の注文についてですが)

Concerning your e-mail I received yesterday,
(昨日受け取ったEメールについてですが)

📧 ~についてですが ／ ③ Regarding ~

Regarding the product samples,
(製品のサンプルについてですが)

Regarding our sales promotion in December,
(弊社の12月の販売プロモーションについてですが)

　これらのWith regard to ~、Concerning ~、Regarding ~ については、使い分けを考える必要はあまりありません。ここでは触れていない他の書き方もありますので、相手が使っている表現に合わせてもいいでしょう。

WORDS　✓ amend　修正する、改める

～に付け加えて ／ Further to ～

「～に付け加えてですが」を意味するFurther to ～も書き出しでよく使われる表現です。

Further to my e-mail sent last week,
（先週お送りしたメールに付け加えてですが）

Further to my last e-mail,
（先のメールに付け加えてですが）

これは～ ／ This is ～

シンプルですが、これも頻繁に登場する書き出しのフレーズです。

This is to inform you that the parcel you shipped arrived at my office today.
（出荷していただいた小荷物が本日、弊社オフィスに到着したことをお伝えします）

This is just to let you know our office will close between 10th and 20th August for the summer holidays.
（弊社オフィスは8月10日～20日までの間、夏季休暇になります）

WORDS
✓ **parcel** 小荷物、小包

1つめの例文のThis is to inform you that 〜は比較的フォーマルな表現で、簡単な連絡にも大事な用件にも活用できます。

2つめの例文のThis is just to let you know 〜は、「ちょっとお伝えしておきたいのですが」というニュアンスになります。会社の休暇のお知らせなどに使えます。

〜について御礼申し上げます ／ Thank you for 〜

御礼を伝えるメールの決まり文句です。

Thank you for your time on the phone yesterday.
(昨日は電話でお時間をいただきまして、ありがとうございました)

Thank you for the XI-101 hair gel details.
(ヘアジェルXI-101の詳細をいただき、ありがとうございました)

このThank you for 〜は、本文の書き出しだけでなく、結びにも使える構文です。実際のビジネスメールで頻繁に登場する表現ですので、覚えておくといいでしょう。

📧 E-mail

「ご返信お願いします」「ご連絡ください」
本文の結びも丁寧なフレーズで

　日本語のビジネスメールでは、本文の最後に「何卒よろしくお願い申し上げます」のような締めの言葉を置くことが一般的です。英文メールの場合でも、同じように使える決まり文句があります。中でも定番の言葉を例として挙げました。

📩 〜を楽しみにしています ／ look forward to 〜

　look forward to 〜を直訳すると「〜を楽しみにしています」となりますが、「〜をお願いします」という意味でも使います。たとえば、「お返事をお願いいたします」と伝えたい時は、次のような書き方をします。

> I look forward to hearing from you.
> （お返事を楽しみにしています）

　迅速に返信をしてほしい時は、最後の一文に、
> I look forward to your prompt reply.
> （早めの返信をお願い申し上げます）

と書くと、丁寧な印象になります。
　look forward to 〜 のto以下に動詞が来る場合、1つめの例文のhearingのように動詞にingを付けるようにしましょう。

WORDS　✓ prompt　迅速な、てきぱきした

もし…であれば、〜してください ／ Please 〜 if …

この表現も最後の一文の決まり文句としてよく使われます。

Please do not hesitate to contact me if you have any questions.
(ご質問があれば、お気軽にご連絡ください)

Please let me know if I can help you in any other way.
(他にサポートできることがありましたら、どうぞお教えください)

Please advise if this causes any problems.
(これが何か問題を生じさせるようでしたら、お教えください)

緊急度に合わせた「返信してください」のパターン

メールの最後に「返信してください」と書く際には、シチュエーションに応じて様々な表現があります。やわらかい表現ながらも早めの返信を求める時は、以下のフレーズが使えます。

Please reply at your earliest convenience.
(ご都合のよい時に、できるだけ早くご返信ください)

すぐに返信がほしい時は、下記の表現も可能です。

Please get back to me as soon as possible.
(できるだけ早く、ご返信ください)

WORDS ✓ hesitate ためらう、遠慮する

ただしas soon as possibleという言い回しはキツい印象を与えるので、本当に急ぐ時のみに使うのが無難でしょう。ちなみに、緊急時に使う決まり文句には下記のような表現もあります。

This is required as a matter of urgency.
(これは緊急に必要な事柄です)

urgency 緊急、切迫

Chapter 3

あなたはこれを丁寧に言えますか？ &書けますか？ ビジネスメール編

📧 E-mail

「誠に申し訳ありません」
謝る時に「ご理解に感謝」もあわせて伝える

メールでお詫びを伝える時も、便利な決まり文句があります。

> This is to inform you that we are unfortunately not able to deliver your order number 123 by December 5.
> （誠に申し訳ありませんが、ご注文番号123が〈納期日の〉12月5日までにお届けできないことをお伝えします）

「This is to inform you that ～」は、書き出しの言葉として紹介した構文ですが、謝罪の際にも使う言い回しです。「we are unfortunately not able to ～」は「大変残念なことに～できません」というニュアンスです。もう1例、見てみましょう。

> Please accept our apology for this delay. We thank you for your understanding in advance.
> （このたび遅延でご迷惑をおかけいたしますこと、お詫び申し上げます。前もってご理解に感謝いたします）

納期が遅れるのに「前もってご理解に感謝します」と書くのは、日本語では違和感があるかもしれません。しかし、英文では一般的な表現です。典型的なお詫びの言葉ですので覚えておきましょう。

WORDS
- ✓ apology　謝罪、おわび
- ✓ in advance　先立って、あらかじめ

Chapter 3

出典／
【実践ビジネス英語講座】
Practical English for Global Leaders (PEGL)
狩野みき『Grammar for Business People』

　狩野氏によるオンラインディスカッション形式の講義で、ビジネスパーソンのための実践英文法を学ぶ。文法の基本事項だけでなく、言いたいことを的確に伝えるための助動詞の使い分けやおさえておきたい時制のニュアンスなどを紹介。文法を「ルール」として学ぶことに加えて、英語のコミュニケーションをよりスムーズにするための「ツール」として使えるようにするのが目的。全53回予定。

大前研一『One Point Lessons』

　突然、1か月後の海外派遣を命じられたら、あなたはどうするか――。国際的なコンサルタントとして長年、世界を相手にビジネスをしてきた経験から、大前氏が英語コミュニケーションのポイントを紹介。英語学習のコツから海外でビジネスをするにあたってのアドバイスまで、幅広く学習できる。1回10〜55分×全12回。

松崎久純『実践・英文Eメールの正しい書き方』

　英文ビジネスEメールの基礎知識を身に付け、英文を書くコツを理解するためのカリキュラム。書き方のコツや仕上げ方、ネット上でのエチケットなどを紹介している。1回約60分×全3回。なお、本稿の英文は『英文ビジネスEメールの正しい書き方（実践応用編）』（研究社刊、松崎久純・著、2010年）から抜粋している。

※この番組は2013年で終了し、現在は関谷英里子講師の『ビジネスパーソンのための英文Eメール講座』（1回約30分×全8回）が配信されている。

本書では紙面でより理解しやすいよう、各番組・講座内容から一部を変更、再構成している。

おわりに

英語習得に年齢は関係ない。まずは「1年間・500時間」の壁を乗り越えよう

大前研一

　本書をここまで読んでくれた人は、学校で教わった英語がいかにビジネスの現場で役に立たないものか、痛いほどわかったと思う。

　大半の日本人が中学校・高校で6年間も勉強していながら英語ができないのは、文部科学省の英語教育のやり方が根本的に間違っているからだ。文科省の英語教育は、他の教科と同じく〇×式である。しかし本来、英語はコミュニケーションのツールだから〇×はない。それを〇×で判定するから、日本人は英語を話す時に「正しいか、間違っているか」と考えてしまい、単語や文法、構文などが合っているかどうかを気にするあまり、言葉が出なくなってしまう人が多いのだ。

　その点、イタリア人の英語は日本人と違って〝実戦的〟だ。イタリア人の男性がローマの街角でアメリカ人の美しい女性旅行者を見かけたら、英語で声をかけるシーンをよく見かける。間違えることに対する恐怖心がないから、ブロークンでも単語の羅列でも躊躇しない。日本人は文科省の〇×式の教育によって、英語についても×をつけられること、間違えることに恐怖を感じる〝パブロフの犬〟になってしまった。日本の英語教育はやり方が間違っていることが明白であるにもかかわらず、文科省は2011年度から小学校5・6年生に英語を必修化した。これはパブロフの犬を2年間早く、長く育てるだけである。

　百歩譲って小学校からの英語必修化を容認するとすれば、能

力のない小学校の先生が教えるより、授業で週に何回かＴＶの「セサミストリート」や「ＣＮＮニュース」を見せたり、アメリカのコミックを読ませたりしたほうが、よほどマシだと思う。実際、私の息子や孫たちは海外のマンガやアニメに熱中しているうちに、自然と英語が喋れるようになった。話の大筋はわかるが細かいところまでは理解できないというレベルでも、ずっと読んだり見たりしていれば、だんだんわかるようになってくるのだ。赤ちゃんが母親の言うことを聞いているうちに言葉を話せるようになるのと同じである。

　ところが、巷の英会話学校などでも構文を覚えさせるパターンが多い。たとえば「no sooner ～ than…」を用いた「母が入って来るやいなや、私はその部屋を出た」という構文である。そして、同じ構文で主語を「母」から「叔父さん」に変えたり「先生」に変えたりして覚えさせる。

　しかし、そのパターンで勉強した人は実践的な英語ができない。なぜなら〝生きた英語〟はどんどん前に進んでいくが、構文の主語を変えるだけでは同じところに留まっていて前に進まない〝死んだ英語〟だからである。しかも、実際の英会話の中で「no sooner ～ than…」などの構文を、私はほとんど聞いたことがない。だから、なぜ文科省や英会話学校がそういう英語の教え方をするのか、私にはさっぱりわからない。

◆TEDのプレゼンや大統領のスピーチから学ぼう

　語学を学ぶ時の基本は「聞く→話す→読む・書く」という順序である。赤ちゃんは、どこの国でも、その順序で言語を覚える。ところが日本の英語教育は逆で、「読む・書く」から始め

る。○×式とともに、この順序を間違えた日本の教育方法に、英語ができない本質的な原因があるのではないかと思う。

　したがって、日本人が社会に出てから、あるいは大学や大学院などに入ってから改めて英語を勉強する場合は、自分の頭の中にある英語を、一度〝棚卸し〟する必要がある。

　その方法は、語学を学ぶ順序に則って、まずネイティブの人たちの上手なスピーチやプレゼンテーションを「聞く」ことだ。お勧めは「TED（テッド）」である。TEDは「Technology」「Entertainment」「Design」の頭文字で、幅広い分野の専門家による講演会を開くアメリカの非営利団体だ。2006年からプレゼンの動画をインターネットで公開するようになって世界中で人気が拡大した。これまでに元アメリカ大統領ビル・クリントン、アマゾンの創業者ジェフ・ベゾス、グーグルの共同設立者セルゲイ・ブリンとラリー・ペイジら、錚々たる顔ぶれが登場している。日本でもNHKがTEDのプレゼを学ぶ番組「スーパープレゼンテーション」を放映して人気が高まっている。

　TEDの上手なプレゼンを聞いていると、自分も使いたいと思う巧みな表現が随所に出てくる。それをそのままメモして拝借し、吸収していけばよいのである。

　次は「話す」だ。そのトレーニング法は、メモを片手に、いま目の前に見えていること、いま自分が考えていること、さっき人に聞いたことなどを英語で〝実況放送〟してみるのが効果的だ。スマートフォンやICレコーダーなどに録音してもよいだろう。すると、言えない表現が多々あることに気付くから、それをメモして英語学校の先生やネイティブの友人に教えてもらう。このトレーニングを繰り返せば、言えなかった表現が言

えるようになって頭の中でつながり、咄嗟の場合でも自然と口から出てくるようになる。そうなれば、英語はおおむね通じるのだ。

現代の世界標準語はブロークンイングリッシュだから、「正しい英語」でなくてもかまわない。この本で見てきた通り、グローバルビジネスの現場で求められるのは、ブロークンでも相手に通じ、人を動かすことができる、結果を出せるコミュニケーション能力なのである。

最後は「読む・書く」だ。これも名スピーチが参考になる。たとえば、ウィンストン・チャーチルやジョン・F・ケネディの演説だ。彼らのスピーチ原稿をじっくりと何回も読み、その中からうまいと思う表現を書き出して自分のものにしていく。このように〝生きた教材〟から、いろいろな表現やフレーズが頭の中でつながるようにしていくという訓練を繰り返すことが非常に重要だ。

◆フィリピン人講師との会話レッスンは効果抜群

ちなみに、本書でエッセンスを紹介した『実践ビジネス英語講座』(PEGL)では、ネットを通じたテレビ電話でフィリピン人講師とつなぎ、1対1の会話レッスンを行なっている。このオンライン英会話授業では、電話応対や状況説明、プレゼンテーション、交渉といった日常のビジネスシーンで遭遇する様々なシチュエーションを想定し、ロールプレイ方式で臨場感にあふれた会話の訓練を繰り返す。

レッスンは1回25分で、受講回数は初級コース25回、中級コース40回、上級コース80回。初級コースで25回受講すると、

9割以上の受講生は「英会話の自信がついた」と言い、実際、ビジネス英会話の力を飛躍的に伸ばしている。ということは25分×25回＝625分、つまり合計10時間余りだから、そこまでのハードルは意外と低いのである。それからさらに回数を重ねていけば、よりビジネス英語の実践力がついてくるのではないかと思う。

　『実践ビジネス英語講座』初級コース・中級コースの受講生の勉強時間とＴＯＥＩＣの点数の伸びを調査すると「500時間」が分岐点だった。それ以上の人は200〜250点伸び、その一方で200〜300時間と答えた受講生の場合は50〜100点しか伸びていなかった。

　この調査から、英語が苦手な人でも年間500時間、つまり1日平均1時間半勉強すれば、1年間で600点程度までスコアを引き上げることができるとわかった。基礎学習には単調で退屈な面があるのも確かだが、「はじめに」にも書いたように「筋トレ」と心得て、毎日の通勤時間を有効に使ったり、土日に4時間ずつ集中して勉強したりする工夫で「1年間・500時間」の壁を乗り越えていただきたい。

　私はよく、35歳を超えた人から「この歳になっても英語は上達するでしょうか？」という質問を受けるが、答えは「Yes」である。

　英語に自信がないという日本のすべてのビジネスパーソンには、少なくとも1年間は「英語漬けの日々」を過ごしてほしい。そうすれば、世界中どこでも活躍できる真のグローバル人材への道が拓けるはずだ。

大前研一 （おおまえ・けんいち）

1943年福岡県生まれ。早稲田大学理工学部卒業後、東京工業大学大学院
原子核工学科で修士号を、マサチューセッツ工科大学(MIT)大学院原子力
工学科で博士号を取得。
日立製作所原子力開発部技師を経て、72年に経営コンサルティング会社
マッキンゼー・アンド・カンパニー・インク入社。本社ディレクター、日本支社長、
アジア太平洋地区会長を歴任し、94年退社。
以後、世界の大企業やアジア・太平洋における国家レベルのアドバイザーとして
幅広く活躍。現在、ビジネス・ブレークスルー(BBT)代表取締役、BBT大学学長
などを務め、日本の将来を担う人材の育成に力を注いでいる。
著書に『企業参謀』(プレジデント社刊)、『新・資本論』(東洋経済新報社刊)
などのロングセラーのほか、『この国を出よ』(柳井正氏との共著)
『「リーダーの条件」が変わった』『原発再稼働「最後の条件」』
『クオリティ国家という戦略』『稼ぐ力』(以上、小学館刊)など多数。

お知らせ

**大前研一氏ほかの講義映像がインターネットでご覧いただける
出版記念キャンペーンが実施されます**

下記のURLにアクセスいただくと、株式会社ビジネス・ブレークスルーが提供する
講義映像が無料でご覧いただけます。

http://www.ohmae.ac.jp/ex/english/201405/

(このサービスは予告なく終了することがあります)

大前研一の 今日から 使える英語
「自信がない」ビジネスマンにすぐに効く英語のコツ

2014年4月26日　初版第1刷発行

監修者　　大前 研一
発行人　　粂田 昌志
発行所　　株式会社 小学館
　　　　　〒101-8001　東京都千代田区一ツ橋2-3-1
　　　　　電話　編集 03-3230-5800
　　　　　　　　販売 03-5281-3555
印刷所　　大日本印刷 株式会社
製本所　　株式会社 若林製本工場

造本には十分注意しておりますが、印刷、製本など製造上の不備がございましたら
「制作局コールセンター」(フリーダイヤル0120-336-340)にご連絡ください。
(電話受付は、土・日・祝休日を除く9:30～17:30)

R〈公益社団法人日本複製権センター委託出版物〉
本書を無断で複写(コピー)することは、著作権法上の例外を除き、禁じられています。
本書をコピーされる場合は、事前に公益社団法人日本複製権センター(JRRC)の許諾
を受けてください。
JRRC〈http://www.jrrc.or.jp　e-mail: jrrc_info@jrrc.or.jp　電話03-3401-2382〉

本書の電子データ化等の無断複製は著作権法上の例外を除き禁じられています。
代行業者等の第三者による本書の電子的複製も認められておりません。

©KENICHI OHMAE 2014 Printed in Japan　ISBN978-4-09-389748-8

大前研一から世界で活躍を目指すビジネスパーソンへ

実践ビジネス英語講座
~ Practical English for Global Leaders ~

社内公用語が英語になったとき あなたは生き残れるのか?

講座の特徴

1. 初級・中級・上級など、自分の英語レベルに合わせて**選べる4コース**
2. **大前研一直伝!** グローバルスタンダードな考える力+マインドをも習得
3. 通勤時間もフル活用! **PC・スマホで24時間いつでも学習**できる

受講生の声
CNNやBBCの**ニュースが聞き取れる**ようになった。

受講生の声
意識の高いメンバーとのやりとりが、孤独に陥りがちな学習から解放してくれた。

受講生の声
論理力やリーダーシップ、MBA等の科目が一部学べるのも魅力。

5分で判る!
あなたの「実践ビジネス英語力」を大前研一がズバリ判定!

　大前研一　英語検定　　［検索］

実践英語講座とっておきの"メールマガジン"、HPトップページから登録するだけで特典映像が!

▼ご登録は、今すぐHPから!
http://www.ohmae.ac.jp/ex/english/

ビジネス・ブレークスルー大学　オープンカレッジ英語教育事務局
〒102-0084 東京都千代田区二番町3番地 麹町スクエア 2階
TEL:0120-071-757／03-5860-5545（平日）9:30～17:30
HP: http://www.ohmae.ac.jp/ex/english/　Email: english@ohmae.ac.jp

BBT University

No.1ビジネス・コンテンツ・プロバイダー
株式会社ビジネス・ブレークスルー

大前研一総監修の双方向ビジネス専門チャンネル(http://bb.bbt757.com/):ビジネス・ブレークスルー(BBT)は、大前研一をはじめとした国内外の一流講師陣による世界最先端のビジネス情報と最新の経営ノウハウを、365日24時間お届けしています。6000時間を超える質・量ともに日本で最も充実したマネジメント系コンテンツが貴方の書斎に!

アオバジャパン・インターナショナルスクール (100%英語環境と国際標準のカリキュラムを提供)

BBTで学んでいる論理的思考、グローバルマインド、リーダーシップを幼少期から自然に身に付けます!
TEL:03-5860-5585　E-mail:bbt-pf@bbt757.com　URL:http://www.aobajapan.jp/

ビジネス・ブレークスルー大学　経営学部　本科 4年制/編入学 3年制

社会人8割。100%オンラインで学士(経営学)取得可の日本初の大学!日本を変えるグローバル人材の育成!
TEL:0120-970-021　E-mail:bbtuinfo@ohmae.ac.jp　URL:http://www.bbt.ac/

公開講座

◆**問題解決力トレーニングプログラム**　大前研一総監修　ビジネスパーソン必須の「考える力」を鍛える
TEL:0120-48-3818　E-mail:kon@LT-empower.com　URL:http://www.LT-empower.com

◆**資産形成力養成講座**　資産形成を目指し、世界最適運用の知恵を学ぶ!
TEL:0120-344-757　E-mail:shisan@ohmae.ac.jp　URL:http://www.ohmae.ac.jp/ex/asset/

◆**Life Planningコース**　収入を高め、生活コストを下げる!　豊かな人生設計を描く!
TEL:0120-344-757　E-mail:opencollege@ohmae.ac.jp　URL:http://www.ohmae.ac.jp/ex/lifeplan/

◆**リーダーシップ・アクションプログラム**　再起動せよ!大前流リーダー養成プログラム開講!
TEL:0120-910-072　E-mail:leader-ikusei@ohmae.ac.jp　URL:http://www.ohmae.ac.jp/ex/leadership/

ビジネス・ブレークスルー大学大学院　MBAプログラム(経営管理修士 学位)

◆**本科生**　経営管理専攻/グローバリゼーション専攻　在職で働きながら遠隔教育でMBAを取得(2年間)
◆**単科生(科目等履修生)**大前研一「イノベーション」講座　その他多数
TEL:03-5860-5531　FAX:03-3265-1382　URL:http://www.ohmae.ac.jp/

ボンド大学大学院ビジネススクール —BBT MBAプログラム

2年間で海外の正規MBAを取得可能!　〜AACSB認証取得!　全豪大学ランキング　No.1の実力〜
TEL:0120-386-757　E-mail:mba@bbt757.com　URL:http://www.bbt757.com/bond/

大前研一のアタッカーズ・ビジネススクール (起業家養成No.1スクール)

過去6000名が受講し780社が起業、うち7社を上場に導いた最強プログラムがここに!
TEL:0120-059-488　FAX:03-3263-4854　URL:http://www.attackers-school.com/

大前経営塾

経営者や経営幹部が新時代の経営力を体系的に身に付けるためのサイバー経営道場
TEL:03-5860-5536　E-mail:keiei@bbt757.com　URL:http://bbt757.com/keieijuku/

BBTオンライン (ビジネスに特化したマンツーマンオンライン英会話)

ハイクオリティなレッスンで実践的ビジネス英会話力をパワーアップ
TEL : 03-5860-5578　URL : http://bbtonline.jp/

大前研一通信 (まずは大前通信のご購読をお勧めします!)

大前研一の発信を丸ごと読める会員制月刊情報誌!ネット上のフォーラム、PDF購読も有り、モバイルでも閲覧可!
TEL:03-5860-5535、0120-146-086　FAX:03-3265-1381　URL:http://ohmae-report.com/

お問い合わせ・資料請求は、TEL:**03-5860-5530**　URL:**http://www.bbt757.com/**